Life Sentence

RAB WILSON

[signature: Rab Wilson]

Luath Press Limited

EDINBURGH

www.luath.co.uk

First published 2009

ISBN: 978-1-906307-89-9

The publishers acknowledge the support of

Scottish
Arts Council

towards the publication of this volume.

The paper used in this book is recyclable. It is made
from low chlorine pulps produced in a low energy, low emission
manner from renewable forests.

Printed and bound by Bell & Bain Ltd., Glasgow

Typeset in 10.5 point Sabon by 3btype.com

Contents

PART TWO

CONTENTS

CREATIVE BURNS

*Poems commisioned by East Ayrshire Council as part
of their major Creative Burns Exhibition for the 2009
Homecoming Year.*

PART FOUR

Part One

Oan Princes Street
(fir Angus Calder)

Oan Princes Street the cherry trees
Are laden't doun wi Spring –
The pavements awaash wi aa their pink confetti.
A double-decker tour-bus rumbles past,
An coontless columns o dancin blossom
Race, crazily, tryin tae catch it.
Layin snares fir the unwary,
In the seethin cosmopolitan sea,
The lassie wi the clipboard smiles,
Her victim telegraphs her tho,
He's seen it aa before,
Sidesteps her lik a seasoned matador,
An winnin the round oan pynts,
He smiles an daunders oan;
Ye shairly ken when ye've been '*Gouranga'd!*'
Ahint the gless o a tourist shoap
Some fremmit fowk are bein seduced,
Torn atween William Wallace's sword,
An a tartan tin o '*Petticoat Tails*'.
A lone doo is precariously perched,
Oan the tapmaist heicht o Sir Wattie's heid,
As pensively and mournfully he stares,
Keekin oot frae his crumblin mausoleum.
The Floral Clock reads ten o' clock.
Scaffoldin masks an imposin façade,
Whilk boasts its acquentaince wi Boab McAlpine.
A lagaar o Portakabins
Surrounds the National Gallery,

Whilst, frae the eminence o its rocky eyrie
The Castle beams wi patriarchal pride oot owre aa.
A wheel-chaired beggar in gaudy trews barks;
'Excuse me pal, but could ye spare some chainge?'
Oan siccan a day, juist wha could refuse?

No Faur Frae Babel

The English chap wis luikin fir directions,
'Excuse me, but could you direct me
to the DSS office, please?'
The wee fellae luikt him up an doun;
'Nae boathir frien,
juist lea yer caur here
oan the Saunds,
gae alang there, past The New Bazaar
hing a richt at the Auld Friars Vaults
then keep gaun, keep gaun,
up the vennel,
past the Victoria Inn
till ye cam tae Irish Street –
gin ye pass Haddow's Offy,
ye've went too faur!
Gang richt at Irish Street,
syne twa hunner yairds
an ye'll see a muckle
concrete bourach o a buildin –
thon's the DSS.'
Somewhat perplexed,
the English chap interjected;
'I'm sorry, but could you repeat that again,
slowly.'
The wee fellae,
obviously pit oot,
replied,
'Eh... div ye no speak English?'

Sceptic Tank

Ah wis shair it should hae read *'septic tank'*
but they assured me the drawins wir richt –
'Aye, right!'

Till the lorry arrived tae redd it oot,
an they lowsed the cover aff –
an oot sclimmed;
Pyrrho of Elis,
Cicero,
Plutarch,
David Hume,
Bertrand Russell
and
Richard Dawkins!

Aa covert heid tae fuit in shite!

Playin MacDiarmid at Scrabble

Hugh MacDiarmid's vast vocabulary;
Ah'd huv luved tae hae played him at Scrabble.
Ah'd huv waitit till he played *'crammasy'*
Or *'clamjamfrie'*, or *'blate'*, or *'yow-trummle'*,
Then ah'd huv said *'Nou Hugh, that's no alloued,*
These English rules state ye cannae dae that,
Ye'll hae tae tak thae wurds back aff the board.'
'Rules' an *'English'*; could ye pictur his face?
That wid hae pissed the thrawn auld bugger aff.

Field Echoes

Auld John blethert oan aboot *'Tattie lorries'*,
else lang gane *'Royal Enfields'* an auld *'Nortons'*,
that time hud eroded, as it noo eroded him,
lik some obsolete bit o machinery;
rustin helical gears abandoned bi the byre wa.
His mind wis some forgotten field lain fallow,
negleckit, owregrowne an choked wi weeds.
His hauns still held the ghaist o a grup,
and aft times he wid talk o *'Howin dreels'* –
nane o them kent whit it meant tho,
an when they aa laucht, he cast his een asklent.
Yin o thaim took a rise oot him wan day,
an said *'Hae ye heard o Rabbie Burns, John?'*
fir brief saicents embers kennlet in his een,
lik a wean that's unraivelt some puzzle,
*'Rabbie Burns? He biggit a wee cot-hoose
in Allowa, whase ruif wis theakit wi strae!'*
An faur abuin their chape lauchter
ma spirits suddentlie soared,
tae hear an accent sae rich an pure,
that spake o hame,
that cairriet me back,
tae thae tractored hills o youth,
and echoed further,
an further still,
tae that young boy trauchlin,
ahint a wuiden pleugh.

Coronach fir a Makar

Dinnae come an luik me up,
whan ah growe auld an duin.
Dinnae cam rakin throu the dross,
fir embers, huntin sparks;
peyin yer respecks,
an kiddin yersels oan,
that thon fire still-an-oan brichtly lowes.

Thae bonnie blumes ye thocht sae braw,
are nou lang gaen, aa wede awa,
an delved back in the grund.
The nectar, honey, bees an aa;
nou faded memories,
o some dream-time, lang, lang ago,
whan ah screived in the saund.

The strang'st aik in the Druid's grove,
liggs buriet in some fetid bog,
thon gowden sickle,
that gloriously sang
in the haun o the Bard,
sall sing nae mair.

Whan peepin starnies glisk an glint,
ahint daurk doulsome drumlie clouds;
whan the glorious sun hus finally set,
that gaithert in the fouthie hairst;
dinnae be taen in,
bi aa thae auld lees,
that it'll rise agane the morn.

MacNeill in the City

In praise of no-one he raises his bottle aloft,
strange refractions of light pour
from the point where the sky should begin,
a miracle slowly evolving,
in this foreign wasteland.

He sees the rocky outcrop
crowned with the silhouette of Kisimul.

Startled Christmas shoppers draw their children closer,
frightened by a language they do not know,
repelled and outraged,
by a song of love;

'Death has filled me with its sadness,
Where is the arm I clung to long?'

Perhaps they are all blind, he thinks,
and in their darkness cannot see,
or perhaps they have just forgotten,
but he can see, and seeing, he remembers;

'Lion of Mull of the White Towers,
Hawk of Islay of smooth plains'

He peers through the window of the Great Hall,
glazed with the stretched bladders of pigs,
the wonder of all the Hebrides,
and sees;

The White Hare upon the snow clad mountain,
cups and rings, and rocks and streams,
dreams, were they only dreams?;

'There is no joy among our women,
At the sport men are not seen,
Like the skies when winds are silent,
So with music is Dun Sween.'

Two figures in black approach,
the Christmas shoppers turn their backs,
with pitiable glances as they pass.
MacNeill is led away;

'On Clan MacNeil they've taken vengeance;
See the Palace of the Brave!
Cause to us of sad lamenting,
Till they lay us in the grave.'

Once he might have lived
in the Tanist House,
and would have been a king.
He laughs and laughs.

Lines in italics taken from a poem written by Effric Neyn
Coreitll (MacCorquadale), in 1431, lamenting the death of her
husband, Hector Torquil MacNeill of Castle Sween. Originally
written in Gaelic.

Ekaterinburg

You are smiling from that photograph
of your impossible world,
that disappeared in cataclysm:
Corina, Alix, Marisa, Lisina, Ariane,
'*Golden in Greenwich*', fabulous.
Aristocratic confidence exuded,
WASP-ish, tennis-toned, poly-glottish,
babbling Spanish, Portuguese, Italian;
obvious mistresses
of your ephemeral universe.
Beckoned down to Bernie Madoff's cellar,
no gun in sight – you went,
and fell headlong from grace into
the financial melt-down maelstrom.
While the *schadenfreude* hacks
would have us believe
our lot is made the better for your going.
But those who smirk at your demise
will wake one day to realise
that all they've heired is bitterness, and turmoil.

Fowr Quartens o Mimnermus

POEM I

But whit life wid there be, whit joy, withooten gowden
    Aphrodite?
Let me dee when ah'm nae mair concernt wi saicret luve
an hinny-sweet gifts, an the bed.
Sic things as are the vera flooer o youth,
delichtsome tae men an weemin sic an sae.
But then, whan crazy, weary Eild cams oan,
that maks a man ugsome an weirdless baith,
donsie wirrys weir his mind awa.
The bricht beams o the sun dinnae delicht his een,
fir he's despisit bi lads, an hatesome tae weemin.
It's a gey an dowie thing that God hus made – Eild.

POEM 5

Suddentlie a pishin sweit rins owre ma body
an ah tremmle,
when ah behaud the braw canty youthheid o ma generation,
fir why can it no be a longer lastin thing?
but praicious youth is short-leeved as a dwaum,
an woefu ugsome Eild hings owre oor heids,
Eild – despisit an hatesome,
whilk maks a man unkent,
whilk yerks his een,
an raivels his harns.

Owerset frae the screivins o Mimnermus (c. 625 BC)

Mimnermus in the Kirk

Ye promise heiven's free frae strife,
    Pure truth, an perfit chainge o will;
But douce, douce is this human life,
    Sae douce ah'd raither breathe it still;
Yer cauldrife starns ah dinnae yearn,
    This waarm kind warld is aa ah ken.

Ye say thair is nae substance here,
    Wan great reality abuif:
Back frae that void ah shrink in fear,
    An bairnlie hide masel in luve:
Show me whit angels feel. Till then
    Ah cling, a shilpit man, tae men.

Ye bid me heize ma laich desires
    Frae falterin lips an fitfu veins
Tae sexless sauls, ideal quires,
    Unweariet vyces, wirdless strains:
Ma mind wi fainness walcome owns,
    Wan dear deid friens lang-mindit tones.

In trowth the praisent we must gie
    Tae that whit cannae pass awa;
Aa bonnie things fir whit we leeve
    Dwine aye in time an space's law.
But oh, ma raison is ye see
    Ah clasp thaim ticht because they dee.

Owerset frae the wark o William Johnson Cory (1823–92).

Homage

Thon dear, douce disciple o the Graces,
Wha writ o Wine an Luve an Sang sublime,
Whase screivins are nou lost in mists o time,
Makar o fine elegies: Mimnermus.
Relinquisht martial themes, an niver shrunk,
Wha set doun blithe ongauns, else ugsome strife –
The daily daurg an tyauve o human life.
Whase wirks wis bowdlerized bi zealous monks;
The first tae evir uise pentameter,
Yer non-conformist conscience niver pleased
Thae rabid hypocrites wha dealt in lees.
Observer o life, peerless arbiter;
'*Luve is*,' ye said, an hairtsomely professt,
'*The only consolation we possess.*'

About It And About...

Young Turk's revolutionary theory states
that there are endless universes;
expanding, contracting, colliding,
expanding, contracting, colliding...
time without end.

While old Guff,
(an unreconstructed Big Banger)
clings religiously to that theory,
beloved of old-school creationists –
which he tries to prop up,
with '*inflationary*' measures!

Who is right? Who is wrong?
They will argue for eternity.

Pondering this perennial problem,
I lie, gazing at the night-time sky,
and ask the opinion of constellations,
of star-clusters, horse-head nebulae,
peripatetic passing comets, planets and pulsars;
none of whom pay me the slightest heed,
or deign to make the slightest reply;
continuing their clear determined course,
maintaining their age-old enigmatic silence.

In the 'Wii', 'Wii' Hours...

'Ah telt him straicht last nicht,' the lassie said,
'Noo Billy luik, ah says, there's juist no way,
Ah'm gaun tae spend five hunner oan eBay,
It's still a fortnicht yet till ah get paid –
There's Leigh wi her twae, bidin doon the street,
She's loast a fortune tae thon 'Farepak' crew,
An noo she says her man's pit oan the buroo –
Some Christmas thon! Enow tae mak ye greet!
Likesay, the wurd goat oot the store hud some,
An boy, dis he ken hou tae twist yer airm!
That's why ah'm stuid oot here at fowr a.m.
But, juist think oan his face, ah'd be some mum,
Gin he didnae hae the latest console gear –
Thenk Christ tho, Santa comes juist aince a year!'

Sic Transit Gloria Mundi

Hauf-blootert, staunnin ootside Geordie's Byre,
Waitin oan the last bus tae Kincaidston,
Puir Billy, spewin his ring up by the rone,
Ayr taxi drivers widnae gie's a hire –
'Says here she'd aften gang oot nichts bare-buff,
'Cept fir her diamond earrings an mink coat,
Fur coat 'n nae knickers, eh? Nou thair's a thocht!?
D'ye hear me Bill?' but Billy luikt gey rouch.
'The puir auld Queen disnae luik sae happy,
Thae lawyers that she hired should aa bin shot,
They'd no hae bin sae lang at Henry's court,
He'd suin hae gien the bugger's necks a 'chappy!' –
Thon butler's richt, he may's weel turn the screw,
Nae dout he'll sell thaim aa doon the river,
C'moan Bill, time tae pu yersel thegaithir!' –
Kincaidston bus syne hoved intae wir view.
Haein feenisht whit the papers hud tae say,
Ah downed ma chips an watcht it blaw away.

'This is the Poetry Police!'

'This is the Poetry Police!
put down the pen,
stop what you are doing,
and come out with your hands up!'

'I'm the lyrical revolutionary,
and I'm armed with a rhyming dictionary.
Don't rush me, boys,
I might just lose it,
it's the latest Penguin,
and I know how to use it!'

'It's no use, we have you surrounded,
I repeat, put down the dictionary,
and come out with your hands up!

'(He's bluffing,
nobody uses rhyme any more.
Bring up the loudspeakers though,
just in case,
we'll blast him with Heaney's *Beowulf*
if he tries anything)'

'There once was a Nobel Laureate,
   Who loved to use words like cureate,
      Such wordy endeavours,
      Considered so clever,
   Won him lots of Professoriates!

'He wasn't bluffing;
turn up the volume –
and we'll give him *Birthday Letters.*'

Reid Mobile Phone
(eftir William Carlos Williams)

Sae muckle lippens
upon

a reid mobile
phone

stapt fou wi
nummers

aside the white
table.

29

In Ireland

*Poems inspired by cultural exchange visit to Kiltimagh,
County Mayo, Ireland, in May/June 2007.*

Climbing The Reek

The day was still, and quiet as horses,
When first we set our feet upon the slopes,
And shining from a clear cerulean void,
The halo of the sun's epiphany,
Lit the way towards our common goal.

Far above us pilgrims thronged the route,
Small ant-like dots who vanished where the rim
Turns sharply, slanting slowly to Leacht Benain.
Their language as they passed seemed to comprise
Of all the tongues that baffled ancient Babel;
Polish, German, Dutch, Italian,
All drawn toward that far-off mystic summit,
By some magnetic, transcendental force.

A girl with tear-filled eyes sat by the road,
Her ruined, bloody feet were swathed in rags,
That had been improvised from someone's shirt.
Her distress stemmed it seemed not from her wounds,
But anger that her faith had failed this test.
She did not seem to ask, or expect, pity,
We passed her by, our eyes fixed on the crest;
This is a place of unforgiving stone.

Negotiating slopes of treacherous scree,
I jot down thoughts inspired by this harsh land,
My A4 pad and fountain pen in hand,
I must appear an odd pilgrim to some;
Regardless of faith – mountains must be clomb,

And sweating, striving, straining, soldier on.
Above, a lonely raven shares its craic,
A tiercel's banshee *'kee-ing'* rents the air,
It's obvious that they do not want to share
Their world with these alien invaders.

We halt, for just a moment, catch our breath,
And feel our senses suddenly seduced
By the north Atlantic's stunning seascape.
Two brothers pass us – one of them is blind,
And quickly we're reminded of our task.

We reach the cone, and start the last ascent,
Till finally we stand atop the Reek,
Spellbound, drinking in its natural wonder;
Endless islands shimmering in sunlight,
And mountains, disappearing to the North.

People cast off backpacks, lay down burdens,
Some visibly shed more ethereal loads,
Replaced now by a sense of something other;
Stood in the footsteps of that pious man,
Who banished every serpent from *his* Eden,
Who in these troubled times would still find here,
His holy place exude a sense of peace.

Serenity descends upon each face,
Families laughing, taking photographs,
The arduous climb evaporates, forgotten;
Here are post-natal scenes of utter joy.
Natives taking pride in ownership
Point out familial features of their land.
Some stand, ubiquitous mobiles in their hand;

A business man thanks Brendan for his fax,
Where once his forebears may have sought a blessing.

I too succumb, swayed by this techno-age,
Battery power preserved like precious water,
I seek indulgences from kindly strangers,
Who'll weld my image to this age-old place,
Linking me with Achil and with Clare.
Bathed in its heat I lie back in the sun,
Absolving hunger with a Eucharist
Of Cadbury's chocolate bars and tangerines;
Mind cast adrift, on some abstract reflection.

Time calls me back to make the long descent,
I cast one last long look upon the scene,
Its strange mix of prosaic and sublime,
The oratory with its penitents,
A church built on the surface of the moon,
And feel some fleeting envy for their world,
That they have grasped such abstruse certainty,
While I am left to wrestle with my thoughts.

Croagh Patrick still has one surprise to give,
I notice at the building's postern wall,
A painter, dressed in overalls and cap,
Precariously perched upon a chair,
His outstretched roller reaches up to heaven,
As he applies a coat of brilliant white.

Hours later, driving back through fading light,
We saw the sun's last rays light up the peak,
And hold at bay, defiantly, the night.

Raftery's Chyce

Lang syne at the fuit o the auncient aik,
Blin Raftery wis gien his chyce tae mak,
Bi faerie-fowk wha hauntit auld Lios Ard,
A spell cast in the hou-dumb-deid o nicht,
Ablow the michty beeches staunin gaird,
When nae a braith o wuin steert e'en a leaf,
An starnies keekit, blinterin i' the lift,
An eldritch craitur meltit frae the wuids,
Wha heid-tae-fuit in green wis buskit braw,
Whiles corrieneuchin in some fremmit tung,
Her aerial band o Elfin thrangt the trees,
Til suddentlike she heezed the willow grane,
'Come, Blin!' the Faerie Queen said, 'Mak yer wale! –
Will ye straik Tara's harp an gar it ring?
Or wull ye chuse oor Makar fir tae be?'
Lang Raftery stuid bewitcht bi glamorie,
An weichtit up his troke in pensefu thocht,
While roond him aa the heivins reelt in licht,
He warstled wi his thochts tint aye in nicht;
An nevir heard the Tod howl oan the hill,
The Brock wha howkt his den aneath the bank,
Nor flitterin wings o e'en the Baukie-Bird,
Nor heard the Houlet screich its warnin cry –
Till aa at aince he heezed his sichtless een,
An cried, 'Ah chuse the gift o poetry!'
A souch o wuin arose lik some great sigh,
The haughty queen said 'Tak o't whit ye will!'
Then gied a queerlyk smile an shak her wand,
An instantly the faerie-fowk were gaen.

Blin Raftery taen the gift that nane can see,
An syne he bid a fareweel o Cill Aodain,
He nevir aince glanced back taewart Lios Ard,
His mind fixt aye upon the distant road.

Legend tells us that the blind Irish poet Anthony Raftery (c.1784–1835) was given his gift of poetry by the fairies (who bid him choose between the gift of either poetry or music) at an ancient oak tree, close to the ancient hill fort of Lios Ard, near Kiltimagh, County Mayo. Due to the accidental killing of local landlord Frank Taaf's horse, Raftery could never return to his home, and spent the rest of his life wandering the roads of County Mayo, peddling his songs, poems and stories.

The Hunger

I

A Coffin Ship becalmed upon a sea
of stone. Prow pointing vainly to the west,
masts arrayed in some grotesque Calvary,
its ghastly crew bearing silent witness

to agonies once stoically endured,
beside the dying embers of peat fires.
The empty sockets stare, seem to accuse
we living of the crime of being alive,

while they've become faint whispers in the trees,
far-distant voices cast in ageless bronze.
Their silhouettes, wraith-like, now form a frieze,
a '*Danse Macabre*' of skeletal forms.

Munch-like their noiseless screams sound in our ear,
their final words long lost upon the wind;
stark litany of those once held so dear,
the last sad valedictions of our kin:

II

'*That hay can't lie another day,*
Get John, and Pat, and Denis Flynn,
I tell you rain is on its way,
We'll never get the harvest in.'

'Oh Ma, the sea's so cold today,
I cannot feel my feet at all,
Just one more load of kelp, we'll lay
A good store by the cabin wall.'

'No charity! Just who are they
To bring such shame upon our door,
Mike, bid them take their pots away,
Or offer it to someone poor.'

'Don't tell her, please never tell her,
Say bells were tolled, and mass was said,
Don't tell her Thomas and Connor
Were lain unshriven with the dead.'

'Not another step will I take,
I'll sit upon this milestone here,
You know your mother's heart would break,
You'll see, you'll see, she'll soon appear.'

'A curse on Lucan's house and store,
Those levelling swine who turned us out,
Lean on me Ned, just ten more miles,
You'll live to fight a few more bouts.'

'Myles, take that rake, and try again,
The girls are crying to be fed,
Last week, young Tim found almost ten,
I'm sure, down by the lazy beds.'

'Damn you, father, I told you so,
We should never have sold the horse,
Ma told you too, God bless her soul,
We should never have sold the horse.'

'Loose the pardog off me, Thady,
It's rough, the willow's digging in,
Let me rest a minute, will ye?
I'm sure my back's just blistered skin.'

'Promise them Pat, they'll get what's owed,
They know we're not the kind to shirk,
A few days work upon the road
Will tide us o'er, a few days work.'

'Thomas Flannagan, that Judas!
I saw him there with Palmer's men,
Well he might try to delude us –
His crowbar emptied half the glen.'

'Fill the goggaring bag again,
We'll have the top-field in tonight,
It won't come back, I tell you plain,
Come autumn, things will be alright.'

'We'd never ask more than our share,
But gran, she looks fit to expire,
If you could see your way to spare
A few more peats, just for the fire?'

"Rent or clear out!" that's what they said,
When forcing us upon the road,
And told us that we may go beg,
From who? When none has got a groat.'

'Tie the bag onto my shoulders,
And perch young Martin up on top,
Sally you can walk, you're older,
We'll find some work at Carter's crops.'

'Judy, go and fill the kettle,
Bridget, you go to the midden,
Bring what's left now of the nettles,
Please girls, just do as you're bidden.'

'Tell Sean to take what he can get,
It was my father's joy and pride,
We'll pay the gombeen-man our debt,
Fore sailing with the morning tide.'

'It's them I blames, with their Black Bread,
For ten long hours of breaking stones,
I call a curse upon their heads,
The surgeon's right, they should have known.'

'Yes, that deep rift at Portnacloy,
That's where they both were washed away,
Seaweed, I know, my darling boy,
I beg you, search for one more day.'

'I swear sirs that I've never stole,
Or broke a law in all my days,
But had you seen them sirs, you'd know,
I had no choice, no choice I say.'

'I read the thing myself, it says –
"Shepherds – £25 a year."
12 lbs of beef a week it says –
We've not seen that this last whole year.'

'Come help me dig the scalp now, John,
Phelix and Ellen, fetch some trees,
Hurry before the night comes on,
We'll fix the roof before we freeze.'

'Sibina, go and rouse your Pa,
It's time that we were on our way,
The workhouse down in Ballina,
Must surely take us in today.'

'Just close the latch upon the door,
And come and lie here by my side,
We'll sleep, then maybe try once more,
The fire's gone out, we'll sleep awhile.'

III

The sun sinks in the west, hushed echoes fade,
across the road the tourist cars disperse,
they take no notice of the spectral shades,
that dusk encroaching has begun to dress.

Whom half-light, for brief moments, makes so real,
a puppet show of human marionettes,
limbs thrusting out in some vain, dumb appeal,
as though afraid, one day, we might forget.

This poem, 'The Hunger', was inspired by seeing the National Famine Memorial at Westport, Co. Mayo. It is a thing of 'terrible beauty'. The memorial, the biggest bronze sculpture in Ireland, by the sculptor John Behan, is a representation of a 'Coffin Ship' and has the tattered ships rigging depicted as skeletons; the souls of the dead. There are 22 skeletons on the ship. In the poem I imagine some of the last words and thoughts, the last desperate utterings of the famine victims; the anguished, delirious valedictions of a lost generation.

Ceide Fields

I

Five thousand years of history sealed
in the dark fibrous peat within this blanket bog.
Fifty centuries of sphagnum moss
that has grown, withered, fallen over,
grown, withered, fallen over...

A centimetre for every decade,
now five metres thick.
A biological book of hours
that has lain here undisturbed,
as the world around it turns.

War after war, conflict after conflict,
atrocity after atrocity,
the Ceide Fields have paid no heed
to Improvised Explosive Devices,
Iraq or Vietnam, Stalingrad or the Somme,
French Revolution or American Revolution,
Hundred Years wars, Wars of the Roses,
persecution, crucifixion, resurrection,
Battles of Actium, Thermopylae and Marathon,
Corinthian wars, Peloponnesian wars...

The sphagnum blossoms, fades and dies,
sphagnum blossoms, fades and dies...

Roman Empires rise and fall,
Mycenan Empires rise and fall,
Persian Empires rise and fall,
the walls of Troy crumble into dust,
the Great Pyramid rises over Giza –
then ruinously falls into decay.

II

While held within the Ceide Fields' dark heart
lies stone from simple farming settlements.
Secrets buried in millennial mists,
revealed by blindly searching iron probes,
that jarringly connect us with a past
where once an ancient people farmed in peace,
fields arranged in regular rectangles,
their world not vastly different from our own.

Generations harmoniously working,
throughout a great agrarian epoch;
five hundred years of tranquil cultivation,
hand in hand with nature and her seasons,
who cleared the land of dank primeval forest,
and moved a quarter million tonnes of rock,
in order to delineate their world.

A world whose most surprising revelation,
is one that still continues to confound,
among the shards of Neolithic debris,
no trace of war or weapons has been found.

On A Famine Road, County Mayo

Lik michty oceans auld an new clash there,
The future tries tae disregaird the past,
While Ivy glaums tae haud auld steadins fast,
Its glossy green aye howpin tae prevail.
The builder biggs, the fairmer pares awa,
In vain tae try an lowse ilk tendril's grup,
While rock frae famine roads is howkit up,
Tae dress the frontage o some new hoose wa.
In verdant shaws o hidden kintra lanes,
Staun hoary pillars, gateways haurdly seen,
Until ye rax tae tear awa the green,
Syne kythin tae the warld the auncient stane,
That dumbly speiks o fowk left lang ago,
Wha taen their leave o sorrows an their woe.

Red Fuscia growes incongruous in hedgerows,
That luik as tho they've ne'er seen scythe nor heuk,
An yella-flooert Iris rins amuck,
Six-Spottit Burnets flitter to an fro.
The laund here's bin forleitit tae its fate,
As if a people hud juist upped an left,
Jurmummelt stane, trees, hedges, luik bereft,
An tirl theirsels intae uncanny shapes.
This road gangs naewhaur, sun begins tae dwine,
Lang sheddas measuir oot time's endless span,
Whiles faur ahint a daunderin faimily gangs.
Twa eemages at aince cam tae ma mind;
The yett steikt apen, yearnin their return –
Lodged in the dyke, a moss-cled empty quern.

Irish Haiku

Ireland bathed in light,
while I sit writing poems,
in a small dark room.

Have you the Gaelic?
'*No*' I answered, like someone
who hasn't the fare.

Weans speikin Irish,
steik yer een a wee, an wheesht!
tungs o auncient kings.

My pockets empty.
Spilling their riches like gold;
Irish musicians.

Whit's it tae be then?
Kitty McGreal's or Lil Forde's?
ah'm totally pisht!

Almost 2 a.m.:
'*Ye'll hae anither Guinness? –*
shure, juist fir the craic!?'

Part Two

Snawdraps

The twenty-seeventh o Janwar, wha'd believe,
daunderin throu Drumlanrig's policies,
ablow gnarled oak an beech, whaes canopies
wir juist the slumbrin dwams o giant trees,
that we wid fuin these harbingers o Spring.
Green slender stalks ootcomin frae the grund,
prood heids held heich, that boldly socht the sun,
bi brucken stobs, an barbwire gently rusting.
Hou did these trustfu flooers instil sic joy?
Did they bring us in mind o *oor* green years?
Autumnal men aye haud their memories dear;
lik fillin jeelie-jaurs at schuil, as boys.
Whit'er it wis, some deep thing steered in me,
that stoapt ma oot-raxed haund, an lat thaim be.

Eternity
(fir Gregor Mendel)

A God shambles ower an icy waste,
crevasses o immortality line his face,
een rheumy, blank an distant,
searchin fir somethin he cannae remember.

A boy sits shufflin shards o ice,
in a futile bid tae mak sense o it aa,
shaks his heid, then sadly turns awa,
grues at the thocht o his regal mistress;

'Gif ye can form that pattern fir me,
ye shall be yer ain maister, an ah'll
mak ye a praisent o the hail warld –
and a brent new pair o skates!'

He cradles his frozen heirt –
he *waantit* thae skates.

Mendel, meanwhile, speirs in the 'Mirror of Reason',
an sees the red, blue, yella an green spheres,
the A, C, G, an T,
o the Double Helix:

an suddentlie the race is oan,
tae patent oor universal birthricht;
Venter an Collins unraivel its saicrets,
descendin intae ungentlemanly tulzies,
held tae ransom bi drug development programmes,
till, at the end o their epic quest,
the bio-pirates hove intae port,
laden't doon wi aa their riches.

Nou Odin stauns wi his bricht een gleamin,
Huginn an Muninn returnt tae his shooders,
aa his clarity an wisdom restored.

An the boy's heirt waarmly throbs again,
he feels it vibrate, pulsatin wi life,
aareadies he is racin across the ice.

Whilst a lassie kneels in adoration,
an saftly intones an auncient hymn;
'Then seek yer Saviour doon ablow,
   Fir Roses in the valley grow.'

Haun in haun nou,
Kay an Gerda walk,
taewart the Sun
that will niver set.

Nou that we aa are Gods.

Ring Cycle

I   'TO HAVE AND TO HOLD...'

Last week they were still there,
holding out perhaps in hope of
reconciliation, but now it's realisation
that has dawned, and hope abandoned.
This week they are not there.
The simple golden band,
that by some tragic sleight of hand,
has been removed.
Spirited away.
Like the personal effects of the deceased
it has been carefully catalogued somewhere;
I RING, PLAIN, YELLOW METAL.
That once had meant so much,
now just a *memento-mori* of bitterness
and recrimination,
of who gets what.
But all of that is yet to come.
This anguish is too raw, too fresh, too real.
Unbidden tears that well
in corners of eyes.
Three bright white tears
that literally splash.
Bright as the glittering diamonds
in her elegant half-twist.
'Observe, voila! as if by magic,
see them re-appear, Ladies and Gentlemen,
on the corresponding finger of my other hand!'

Though now she does not make a show,
unlike fifteen years ago.
She keeps her arms folded, closely.
This time it is no celebration
(as if we didn't know).
No Eternity to look forward to,
no 'To have and to hold...' forever.
Just a ruination of vows,
incomplete, broken.
That delicate nerve, which runs
from the third finger of the left hand
to the heart,
has been irredeemably,
irrevocably,
severed.

II   'FOR BETTER OR WORSE...'

They bought each other rings at Christmas.
Pledging their devotion, with the very best
that Argos had to offer;
Love: diamond cut, in a Celtic style.
His; Eighty-nine-pounds-ninety-nine.
Hers; Fifty-nine-pounds-ninety-nine.
On a late-night-last-night-spur-of-the-moment-spree,
he took his Visa card to its credit limit,
one hundred and fifty quid's worth of 'Commitment'.

Enough perhaps to see them through New Year.

III 'WITH THIS RING...'

One last flourish
with the mascara brush.
One last seasonal swig
of Blue Label Smirnoff.
One last pout in the mirror;
sexy as FCUK.
'Don't wait up, love,' she shouts,
*'If it's anything like last year
it'll be at least two-o-clock.'*
On the frosty doorstep she dons her hat;
a tacky flashing fluorescent Santa,
who'll tipsily traipse through the thronging bars,
promising her escapist party fun.
Snow like floating feathers softly falls,
he watches her from the bedroom window,
unsteadily sashaying to her taxi.
The curtain of arctic white descends;
conclusion of Act One.
Centre Stage, surreptitiously,
in this providential concealment,
she slips the wedding band from off her finger,
and tucks it carelessly into her purse.

The Lambs

Weeks eftir the atrocity itsel,
When aince the service in the kirk hud skailed,
An left us *'not another tear to shed'*,
Ah cycled oot alang ma usual route.
Criss-crossin thon twa brigs that span the Nith,
A snell wuin blawin throu skeletal trees,
Whiles tryin tae dispel thon ugsome grue,
That lately sae wis etcht upo ma mind;
The dreid o parents rushin tae the schuil,
Thae anguisht cries at the gymnasium,
O thaim whaes lives hud juist bin torn apairt.
Thon lass at wark, wha tell't us her seeck joke –
'No!' ah said, ma haund raised tae admonish –
Then walkt awa. Ah couldnae bear tae hear.
The day wis cauld, sae cauld, air burnt ma lungs,
Grey clood hapt ower the taps o snaw cled hills.
Approachin nou the straicht afore South Mains,
When, faur aheid, some muivement claucht ma een,
And suin, abune the wuin, ah heard the skirl
That weirdlie won oot frae the distant flock,
Relentlessly advancin doun the road.
Ahint thaim cam a shepherd, oan his quad,
An, dairtin at their heels, his collie dowg.
Their skraich grew, exponential decibels,
Until their bleatin fillt the air, lik screams.
Lambs brent new separated frae their dams,
Descendin frae heich pastures they hud shared.
Transfixed, ah haltit, ruitit tae the spot,
A grim realisation at aince dawned,

Whilst roond me thrangt a woolly, writhin mass,
A dowie, sad, heirt-rendin leevin sea,
That seemt tae tak eternity tae pass,
Then, like some eldritch dwam, wis gane at last.
Ah noddit tae the herd, but couldnae speik,
Then cycled oan, past buddin catkin trees,
Pale snawdraps, wanin nou, wha hung their heids,
An tried tae fuil masel wi knotless lees;
It wis the drivin sleet that blear't ma ee.

St Conal's Cross

Derne awa here, in this gowstie cleugh,
St Conal's Cross keeps its eydent vigil;
Stern gaird o Upper Nithsdale's green idyll.
Its lichened stony face, unmuived bi souch,
O douce wuns that seduce, an storms that threiten,
Whaur aince the fuitsteps o the herdsboy trod,
Tae keep lambs siccar frae the reivin tod.
Twa leggit flocks ye ne'er did ettle oan;
Bi chaunce ye goat hapt in thon haly pleyde,
Wi Kentigern sojournt, an eftirhint
Cam hame ableeze wi missionary zeal.
Nou waukrife years syne here yer wark's revealt,
The faur-aff triptychs trinity discernt;
St Bride's, St Conal's, lanely auld Kirkbride.

In Nithsdale the most prevailing tale of Conal involves St Mungo's flight from Glasgow. Mungo, or Kentigern to give him his official name, was forced to leave Glasgow by the King of the Picts, Morken. Fleeing through Upper Nithsdale his enemies were pressing hard upon him and he was compelled to leave the low ground and head into the hills. Whilst in the hills Mungo was met by a shepherd who took him to his humble home and placed food before him. It was here that Mungo stayed in hiding until he was able to proceed on his journey. He went to Wales and remained there until a new king succeeded Morken. This King was Roderick who immediately recalled Mungo. Whilst returning to Glasgow Mungo did not forget his friend the shepherd. He sought him out and asked him what he could do to repay him. The shepherd replied that he lacked nothing. His flock supplied him with food and clothing and beyond these his wants were very few. Mungo accepted this and offered to take the shepherd's son to Glasgow and educate him for the ministry. The shepherd's son, Conal, was taught for the ministry and then returned to Nithsdale to preach the word of God to the people. It was beside the well that now bears the name St Conal's Well, that Conal first placed a cross of branches and began to preach. This is the local legend of St Conal. It is known that St Mungo did train young boys for the ministry so it is quite possible that this legend is based on fact.

The St Conal of the local legend is said to have founded three churches in Upper Nithsdale. Old St Conal's at the foot of the Kirkland Hill, St Bride's at Sanquhar, and Kirkbride were all founded by St Conal and when he died he asked to be buried on a site from which could be seen all three churches. Conal's grave is on a hill above Glenwharry where Conal had lived before his education at Glasgow. The site was marked with a large stone until the 19th century when it was broken up by a group of fencers. It was not until the Reverend John Donaldson became the Parish Minister that a Celtic Cross was erected on the site of the grave. At the foot of the cross an inscription reads 'St Conal 612–652'.

The King's Croft

Whan James wis wede awa at Flodden Field,
The hairts o Wigtoune fowk wir fillt wi wae,
Tae think thair sovrein liege wid cam nae mae,
Tae seek the mense o Devorgilla's bield.
An syne frae Knox's pulpit cam the blast,
That blew wi fatal souch throu Gallowa;
Whan monks wir forced tae quat baith house an haa,
Consign thair saicred orders tae the past.
They sell't the laund, this auncient haly place,
Then taen their leave, oot throu the auld Bell Yett;
A line o black-robed eldritch silhouettes
Maircht intae Scotland's past wi fient a trace.
'Croft Angry' syne fir years kept up the lee,
Til Jamie's ghaist retoured tae 'Croft-an-Righ'.

James IV of Scotland was a regular pilgrim to the shrine of St Ninian at Isle of Whithorn in the early 1500s. He would often stay at the Devorgilla friary in Wigtown. The friary was sold and abandoned by the monks during the Reformation. Its Gaelic name 'Croft-an-Righ' (The King's Croft or House) was bastardised by 18th century map-makers into the anglified (and totally meaningless!) 'Croft Angry', before being restored to its rightful Gaelic spelling.

Debateable Land

'As far as the horizon.' The Guide's hand
Gestured expansively, 'A haven then
For miscreants, drop-outs and "broken men".'
This, this then was the Debateable Land.
Beyond the Pale, a lawless No-Go zone,
Where raid and counter-raid raged back and forth,
And 'bauchling' of a given-word or oath
Could see you hanged, or by your Clan disowned.
Where kings were shamed, or else forced to hoodwink
That 'De'ils Dozen' who dared their laws to flout,
And on the air watched Johnny Armstrong waltz.
But that horizon has proved to be false;
It transcends time and space and reaches out,
Extending further than you'd ever think.

Seoras

Wi aa the hellish energy o Quilp
He lowps upon the glarin wurd or phrase;
'That wullnae dae! An Chambers Dictionary
Wull clearly pruive ma pynt!' says Geordie Philp.
E'en ah masel aince pried o Joco's zeal
Whan at an Annual Collogue in Dumfries
Ah thocht his snell harangues wad niver cease
Owre ae stray syllable o Willie Neill's.
Syne then ah've lang bore't at his *'Scotscreive'* grammar:
Prepositions; about, athort, abuin,
Or Conjunctions; afore *or* whyle *or* gin,
Renditions nou kythe nary a stammer!
Lang, George, may ye gaird our orthography,
An speir us aa wi yir logomachy!

Pre-nup Tattoo

When Kenny went to get his new tattoo,
He vowed that it would proclaim to the world
The selfless love he felt for his new girl,
And since he'd long concealed wife number two
In some elaborate Celto-Pict design,
The plainness, in Teutonic gothic script,
Of 'Margaret', tattooed upon his wrist,
Created equipoise in Kenny's mind.
'It's no as if ah've set oot tae deceive,'
He reassured himself, rising to go,
When slyly, the tattooist took his sleeve,
And whispered soft that he might like to know,
That should wife number *three* decide to leave,
'It can be chainged: In tae twa dominoes!'

Skin Deep

Dress tae look at least a size bigger,
Celebrate the more fulsome figure.

Wear ootfits that ye ken don't flatter,
Smile, when they say *'You're lookin fatter!'*

And when ye've grown weary in men's eyes –
Help yersel tae the last o thae pies!

Disdain aa thae anti-agein creams,
Mak a beeline fir the Custard Creams.

Scrunch up that page o fashion no-nos,
Cheer when yer scales rebound lik yo-yos.

Nivir succumb tae slimmer's disease,
Be prood that yer bum *'Looks big in these!'*

Pit Jane Fonda's workoot in the bin,
Tell the Chinky that ye're eatin in.

Lea'e the gairden tae Charlie Dimmock,
An pit yer feet up in the hammock.

Forget the terror o Inge's looks,*
Tear up aa yer weekly slimmin books.

An when they cease tae laugh an snigger,
Ye'll fin yer heirt's ten sizes bigger.

The *'Keekin Gless'* will truthfully tell,
Ye're finally gazin at yersel!

Inge: a scary wummin wha ran a Slimmin Club in the toon o Ayr.

Burning Issue

The fireman said we wir aa complacent,
We should aye evacuate the patients,
Ah thocht tae masel tho, *'Whit wis the hairm?'*
(Aabody kent it wis a false alarm)
But ah didnae want tae raise the spectre,
O the intermittent smoke detector.
The fireman stated quite adamantly,
'Ye've aye goat tae get thaim aa oot, ye see
It's gettin tae be a regular chore!' –
(The same thing hud heppent the nicht afore.)
The awfu truth wid hae made him sadder,
The faut wisnae fixed cause we'd nae ladders
That wir lang enough tae reach the ceilin,
Thon wee secret wid huv hud him beilin.
Then, tae impress his men, he lectured me!
Tae mak him luik guid ah said *'Ah agree!'*
(This helped tae allay his indignation!)
'Pump No 1., return tae the station!'
Glum faced the firemen withdrew tae retire,
Utterly dejected thir wis nae fire.
Whilst boardin thair wagon tae quit the scene,
Ah reminisced aboot Camberwick Green,
The Quiz Nicht nostalgia doon et the pub,
Remembering Cuthbert, Dibble an Grubb,
The joy that wis etched oan aa thair faces,
When Chippy Minton's wis razed tae ashes!
If only we'd hud some arsonists in,
Picture then, if ye can, the fireman's grin,
Ye can juist imagine Ayr firemen's fun,
As Ailsa Hospital burnt tae the grund!

Relativity

Brent Hodgson slumpt doon
in the big chair,
in front o the telly.
Fowr empty cans,
an a hauf-eaten
cairry-oot et his feet.
'There wis a loony in the Bookies the day!'
'Whit's that?' Mary shoutit,
fae ben the kitchen.
'Ah said, there wis a loony,
in the Bookies the day.
Ye'll nevir believe it,
he waantit tae pit a pound bet oan
that a meteorite wid hit 'im
oan the back o the heid,
et eicht o'clock oan Setterday nicht!'
'Whit did Johnny say tae that?'
cam the voice fae the kitchen.
'Oh, he huntit 'im,
telt him straicht aff
that loonies werenae
alloued in the Bookies.
An that if he came back in
he wid phone fir the polis!
Ah mean, waantin tae bet a pound
that a meteorite
wis gaun tae hit ye
oan the back o the heid?
Whit a loony eh?

Ah said tae Johnny,
when he left,
whit odds wid ye hae gien 'im,
eh, Johnny?
Johnny said aboot fifty million tae wan!
Christ, we baith laughed wir heids aff!'
'Did ye get ony winners yersel, the day?'
'Whit's that? Ach, eh, naw.
Onywey, shuttup the noo,
it's nearly eicht o'clock
an here's the Setterday Draw,
ah pit a pound Lucky-Dip oan fir us!'

This Sporting Life

Floyd Landis;
Oan yer bike!

Bruce Parry;
Tak a hike!

David Walliams;
Swum the syke!

James Hewitt;
Loupt the dyke!

Billy Connolly;
Big black trike!

John Prescott;
Ugsome tyke!

Tommy Sheridan;
Whit ye like!

Daith o a Naturist

(fir Seamus Heaney)

A nudist wha hailed frae Niagra,
    Decided tae try some Viagra,
        This sad lack o sense,
        Bi an Electric Fence,
    Sent nine million volts throu his tadger.

Brighton Rock

In the bowels o Russell House,
at King Street, Ayr,
sixteen year auld me,
pustule faced in ma brither's suit,
prospective candidate
fir a daicent joab,
an no juist ony joab;
a career –
in the Ceevil Service.

Twa kindly auld men interviewed me,
leastweys, they seemed auld,
an kindly, tae me then.
Dairtin wee luiks at ane anither,
an the clock that hung
oan the wa ahint thaim.

Ah tried tae impress – but failed.
Mibbes ma accent wisnae richt;
'*Do you like to read?*' they askt.
'*Aye, ah've juist read a novel bi Graham Greene...*' –
then ah couldnae mind whit it wis.
The clock tut-tutted its disapproval.
Then thae collusive smiles aince agane,
afore tellin me the novel's name.

Trenchant Major Calloways, the pair o thaim;
they saw richt throu me,
they read me frae tap tae bottom.
Ah went doun the pits insteid,
an stairtit readin poetry.

The Painting bi Feder

Ah niver knew,
Ah niver knew the cost,
The rael cost.

Till ae nicht
Ah couldnae fuin a pen,
Sae ah scrievit
Wi wan o the wean's brucken pencils.

An it juist hit me;

Yer shattert uiseless fingers,
Desperately sketchin,
Tae try an lea a message
Tae the warld.

Aizik-Adolphe Feder 1887–1943, Jewish artist, died at Auschwitz.

'What is Trowth?'

Whit wey wis Kendall-Smith pitten awa,
Wis thon no the honest trowth that he spak,
Agin thon wrongous war oot in Iraq?
His faur-i-the-buik philosophie wis nae defence,
Whan Bayliss said *'Naw, naw, ye maunna speik...'*
He fairly stapt up Plato's learned mou.
Did he no hear the souch o black-burnin shame,
As it whispert owre the decades tae his lug,
'Div ye no mind the lessons o Nuremburg?'
Or aiblins mibbes it's okay
Fir servin sodgers juist tae bray,
'We wir anely follaein orders',
Cause eftir aa, ony excuse wull dae;
'Gif it wisnae you, it must hae bin yer faither.'
An whit did Rowan Williams hae tae say,
In his three fuit gowden hat oan Palm Sunday?
Leanin oan his crummock, gey mim-mou'd,
(No the resurrection *he'd* hae waantit) –
A better man micht hae spake his mind.
God help us, Tony, sort oot richt fae wrang,
Thon deidly wappenschaw, it *must* be true –
This gallic ghaist tho snirtles up his sleeve,
Whit's that, Voltaire? *'C'est fable convenue'?* –
Thon kindae craic's juist typical o you.
But wait, here's Phoebus, thon hack frae the *SUN*,

Emissary o Olympian editors;
'C'mon boys, tak yer seats, the jury's in!'
The shoutin owre, Bayliss waasht his haunds;
Fined twenty graund – an eicht month in the jyle,
Certies Malcolm, it bates bein *'Shot at dawn'*.
Whiles nou ye're oot – tho tagged an gagged,
An still ye're no alloued tae speik yer mind.
Ach, ae day Malcolm, fowk'll get tae hear,
We'll easy thole anither twa-thoosan year.

Lest We Forget

The *'Great Game'* in Afghanistan gangs oan,
An daily sodgers bravely risk their lives,
Whiles weary an forjeskit wi the fecht;
Fir whit? The sodgers aiblins dinnae ken.
Back here at hame a faither wends his wey,
Tae send a walcum paircel tae his son,
Stapt fou wi hamely fare he cannae get;
Some toiletries, some sweeties, biscuits tae,
An in an eftirthocht o eident care,
He's placed twa paper poppies in the boax.
Benmaist he stauns, in the Post Oaffice queue,
An pits his praicious package oan the scales,
Juist tae bi telt bi some wee joabsworth lass –
'Yer paircel weighs abune twa kilograms,'
(The leemit set upon free postage rates)
'Bi whit?' he asks, she says *'Twa milligrams –*
Ye'll aiblins hae tae tak a wee thing oot.'
The faither's tremblin haunds betray his rage,
He lowses up the boax an peerin in,
His een licht oan the wee bit scarlet flooers,
Syne lifts thaim oot – the lass says *'That'll dae,'*
He slypes the flooers in his pouch tae gang,
An tries tae hide the heirt-scaud in his een.
Whiles faur awa ablow the desert lift,
A sodger huddles neath the snell nicht air,
An thinks o hame, an oaffirs up a prayer.

Israeli Bombs at Prestwick

Pure Dead Brilliant! –
Brilliant! Pure Dead.

Krijser Varyag

Oan deck, ma comrades, evri man oan deck,
Let us gang tae the last parade,
The prood *Varyag* wull ne'er surrender,
Nae mercy or quarter we crave.

Abeich the mastheid oor colours stream oot,
The anchor's bin heized frae the depths,
Rin-oot pellie-mell, the cannons glent bricht,
Aa polisht an set fir the fecht.

We'll lea this safe bield, win oot tae the sea,
An dee fir the flag if we must,
Oot there whaur oor foes are lyin in wait,
Tae spit daith an slauchter at us.

Wi thunderous roar, the battle explodes,
We're rained oan wi shot an wi shell,
Oor trusty auld fiere, the brave *Varyag*,
Lowes up lik the furnace o hell.

Shipmates lie roond us, the deein, the deid,
Convulsed in their last throes o pain,
Whilst heich abune thaim, fierce flames flicker roond,
Lik gallopin wild horses' manes.

Fareweel ma brave comrades, ane last hurrah,
Fore we sink in the depths fir tae sleep,
Whilk wan o us here wid hae thocht yestreen,
That he'd cradle fir aye in the deep.

Nae sign marks oor passin, nae halie cross,
Whaur we rest, faur frae the hameland,
But hark, the sea gently souchs, an fir aye,
O the *Varyag's* valiant band.

Owerset frae the anthem o the Russian Navy. The remains of the legendary battle cruiser, the Varyag (or Viking) which is an icon in Russian culture, have been resting since 1920, 500 metres from the shore at Carleton Port, in the Firth of Clyde, at Lendalfoot, South Ayrshire. There is now a monument there to commemorate the ship's final resting place.

Carnegie

Awa ya shilpit creepin wee bauchle,
Nae thocht in yer heid fir the workin man,
Daith an poverty ahint ye trauchle,
Rejoicin yer creed they play in yer baun;
'Encore!' they shout, as ye poacket their cash,
'Weel duin!' as ye cut their rates tae the bone,
Clappin their hauns as ye rax fir the lash,
Adoptin yer heich carpin moral tone,
Regalin us wi whit you wid hae duin,
Ne'er gien a feg fir onybody else,
E'en thon blin man, cam rattlin his tin,
God help him, comin twixt you an yer wealth.
If'n you could hae taen yer riches tae Hell
Each library ye'd hae dang-doun yersel.

Loch Tay

If I were a poet like Karel Toman or Otakar Fischer, I would today write a short but beautiful poem. It would be about the Scottish lakes, the Scottish wind would be wafted through it, and the daily Scottish rain would bedew it; it would contain something about blue waves, gorse, bracken and wistful pathways; in it I should not mention that these wistful pathways are entirely begirt with a fence (perhaps to prevent enchantresses from going to dance there). I must say in crude prose how beautiful it is here; a blue and violet-coloured lake between bare hills – the lake is called Loch Tay and each valley is called Glen, each mountain Ben and each man Mac...

KAREL CAPEK, *Letters from England* (1925)

Capek's Poem

If he were a poet he'd have crafted
words of beauty to make our hearts all ache;
about the lochs, that he called Scottish lakes,
Scottish winds, he said, that would be wafted,
bedewed (of course) with daily Scottish rain.
The waves? Assuredly blue! Bracken and gorse;
with vibrant yellow would be splashed perforce!
The wistful pathways, fenced off to restrain
enchantresses from dancing, slow meander –
(Although he said he should not mention *that!*).
In crude prose he would carefully extract
each drop of beauty with a perfect candour;
Loch Tay, where every valley is called Glen,
where each man is called Mac, each mountain Ben.

In The Festival Bistro

Sitting in this unfeasibly tall room,
with its cathedral-like windows,
its tables draped in harlequin tabards,
I am adrift on a sea of extraneous noise.
The hubbub of animated conversation;
which event will they take in next,
'From Dunragit to Dubrovnik' or
Sheena McDonald's 'Desert Island Books'?
Shrill consonants resound
upon the merits of George Lansbury,
or the republican spin of the Fox news network.
Whilst, close by, at the table next to me,
a small atoll of isolated calm.
Three elderly ladies quietly converse,
reminiscing over a recent trip;
'Islander' tickets used to transport them
to other worlds;
Jura, Colonsay, Mull and Islay.
On their tongues
names that sound so peaceful,
so utterly poetic,
and so Scots.

Fremmit Hairst

(fir Jim Carruth)

Aneath its vaultit ceilin o saundstane,
Purposely designed as tho fir poetry,
The StAnza venue, St John's Undercroft,
A place built fir sic hushed sepulchral tones,
We gaither fir tae hear the *'Pamphlet Poets.'*
Ah'm listenin tae the warks o Jim Carruth,
Paeans o praise writ fir High Auchensale;
Agricultural geneaology –
Post-modern Burnsian tales o rural life.
Prood o this strange legacy he's conceived,
Aside me sits Jim's faither, dewy-ee'd,
Cled in pastoral shades o verdant green.
Ye'd ken he wis a fairmer straicht awa;
The olive-green gilet, an sturdy brogues,
Checkt shirt, an *de-rigueur* cavalry twill,
Bedecked nae dout as fir a mercat day;
This craic tho, faur remuived frae subsidies,
Supermarket tyrants, an milkin yields.
This, the fremmit language o the makar,
A warld inhabited anely bi wurds,
That tak ruit no in syle, but in yer saul.
Here is the Hairst his faither toiled tae win,
The stooks an bales o life brocht safely in.
While tae the echo Jim taks his applause,
Abune oor heids the rough-hewn saundstane wa's,
In mixter-maxter shades o loamy broun,
Seem like some aerial view o new pleuched fields,
That wait the promise held within the seed.

The Seed-Corn
(fir Scotia's dominies)

We haud the praicious seed-corn in oor haunds,
But no the kind tae fill oor belly-wame,
Wi bannocks, scones an ither kin o scran,
Oor seed is nae sma drink fir Scotia's weill,
We haena it, the kintra stairves an dees.

The seeds ah sing o are the bits o bairns,
That we must guide wi cannie, eident care,
Sae makkin siccar in the days tae come,
That they micht growe, a credit tae us aa.
An evriwan that's gaithert here the day,
Hus that ae thocht, that purpose in their mind,
Tae dae their best tae help the weans win oot.

Mind, aince upo a time, auld dominies,
Wir gey haurd presst in makkin that their goal,
In Burns's day, the *'Scots Enlichtenment'*,
Scarce ane in three could barely sign their name,
(an *that* wis juist the boys!) an wan in twelve
O lassies ettlin tae that self-same task,
The green shutes then scarce keeked abune the grund.
The thatched ruif o the schuil swarmt thick wi rats,
Sae weans brocht sheaves o straw, no buiks, tae cless,
Tae help keep oot the bitter, blaudin shooers.
They taen Shank's Powny miles across the muir,
Tae shiver in a cless mirk wi peat-reek,
No mony plants grew straicht an strang back then,
Puir teachers tyauved fir scarce five boab a week,
Whit's that ye say!? Naw, some things *dinnae* chynge!

Aye, teachin's still a stieve, haurd Cuddy's Brae,
Dinnae think the road wull rise tae greet ye,
It's no fir thaim wha'd sail aye wi the wun,
But naethin worth the tyauve wis e'er easy.

Gin you wid see thae fragile seeds tak ruit,
An lift their willin faces tae the sun,
A wheen o things ye'll need tae owercome;
The saws o thae doon-pitters an nae-sayers,
Wha'll snipe, an girn, an greet at evri turn.
Bernard Shaw, misquotin Aristotle:
'*He who can does – he who cannot, teaches*'
Whit did the man, that tocht great Alexander,
(that syne gaed oot an conquert hauf the warld)
Whit did wyce Aristotle *really* say?
'*Those who know do – those who* understand, *teach!*'
Weel, ah'm no smairt – but thon's no Greek tae me!

Tho some auld saws micht staund the test o time;
'*Ye can't teach thaim that dinnae waant tae lairn*'
But theorists nou may aftimes disagree,
Gin Skinner aiblins tocht some pigs tae flie,
It wid come as nae great surprise tae me!
Bairns play! Is truth no aye stranger as fiction?
He tocht doo's hou tae play at table-tennis!
An Pavlov's dugs wir shilpit luikin grues,
Until they lairnt tae ring thon dinner-bell!

But experts tae can aftimes gang agley,
Fir dis Piaget tell ye whit tae dae,
Whan Tam or Katy aiblins pish the flair?
Ah better rest ma case, an say nae mair,
Lest ah upset thon fierce PC brigade!

But, *'Can Do'* sometimes faur ootstrips IQ.
An guid auld Common Sense can bear the gree,
Think oan yer feet, an lead aye frae the front,
Sae that the corn micht thrive, baith haill an fere,
An no end up some fendless, shilpit hairst.

Teachin nou is in a *'State o Chassis'*
A warld o chynge, an we must chynge wi it;
Kinaesthetic, Visual, Aural lairnin,
A warld o Continual Assessment,
The Information Heichwey, an Wab-Steids,
Aa-inclusive Multi-Culturalism,
(Keep mind it's the *'Chinese'* – no the *'Chinky'*!)
An talk aboot alien technologies?
'Beam me up, Scotty' wi thon 'Smairt Boards'
Aefauld initiatives hertinin us;
Help heize up Enterprise Education,
Embrace Curriculums fir Excellence.

Nae greater care hus e'er bin lavished oan,
The young green shutes o Scotia's future weill,
An byordnar, giftit young fowks, lik yersels,
Micht ettle fir a *'New Enlichtenment'*,
Whaur evri wean wull reach their target maurk,
An nae young plants wull wuther in the daurk,
O ignorance or laith illiteracy.

Ye are the future, teachin's beacon-lichters,
Gang oot an shed thon licht upo the warld.
Ye haud the praicious seed-corn in yer haunds.

Weicht

In the Royal tearoom, chintzily cosy,
the last twa remnants o the Guildry trip
conspiratorially sip Earl Grey;
waspishly gossip aboot thair neebors
tae the gentle chink o fine bone china,
while the ancient oak-cased *'wag-at-the-waa'*
relentlessly ticks; saiconds, meenits, years.
A middle-aged man eidently appears,
'Will ah fetch yer coats?' he dutifully speirs,
is gien a curt wee nod, then disappears.

'There's John, a lawyer, Andra, a banker,
but Wull's spent aa his days doun oan the fairm,
ne'er taen a wife, easy-osie wi life,
juist whaur dae ye suppose that Wull went wrang?'

She lifts her coat frae the back o the chair,
drains the last sweet dregs o tea frae the cup,
then grimaces, wi a luik as soor as slaes,
een glintin steely, she straichtens up her claes,
luiks roond wi seasoned slee an sleekit care,
the doomster primed tae mak her dreid pronouncement,
leans ower tae her frien, *'Nae weicht!'* she hisses.

Soor Grapes

Ah've mind the day grapes uised tae come in barrels,
Ah telt the wife in Tesco's wan fine day,
Shipped fae exotic places faur away,
Sails waftin gently in the waarm mistral,
They glided here across the wine-daurk sea,
The same sea sail't bi Jason's Argonauts.
Swarthy stevedores roll't thaim doon the docks,
An *'Proudfoot's'* bricht blue lorry brocht thaim here.
We prised the stubborn lids off wan bi wan,
Then burrow't in the sawdust wi oor hauns,
Tae fuin thon treasuir brocht fae foreign lands –
Thae daurk red lustrous globes fill't wi the sun.
She thocht the uise o barrels quite obscene;
'Aa thae trees! thenk God fir polystyrene!'

Misanthrope in the Pound-Shoap

In the deid dull-as-ditch-watter doldrum hours
o a dreich Wednesday mornin,
Misanthrope lurks,
lik some primordial pike,
in the fronds of the *'All-For-A-Pound'*.
His unsuspectin prey chews gum lik cud,
proppin up her till –
he pounces;
'Hou much is this?'
'A pound.'
Shaks his heid, an turns awa.
Twa meenits later;
'Hou much is this?'
'A pound.'
Turns agane, smiles tae hissel,
waits five meenits,
'Eh, hou much is this?'
She inspects him coolly,
een visibly nerra,
then blaws an irritable bubble o gum,
'A pound.'
He turns wance mair,
aamaist lauchin oot lood.
Ten meenits pass,
he plays his master-caird –
'Hae ye onythin fir less than a pound?'

Rab Bruce, Drug Baron, Addresses his Troops

(wi apologies tae John Barbour)

Listen, when it comes tae the crunch,
ye's better aa get stuck in,
an snuff thae bastarts oot.
They'll arrive team-haundit, an ye can bet yer buits
they'll no be shy.
Get fuckt richt intae them wi everything ye've got;
baseball bats, swords, the loat,
an gie them a taste o some o the tooberins
that they've disht oot tae us,
aye, an wid dae again gin they got hauf a chance.
Dinnae ony o ye's be feart, fir, by Christ,
ah ken we can take thae scum ony day.
There's three things in wir favour, fir a stairt;
the first is, that we're in the richt here, boys,
an because we're in the richt, then that's aa that maitters.
The second yin's that they're comin here –
they think they can mairch richt intae oor back yaird,
bold as brass,
an shite aa owre us.
An dinnae forget, they'll hae plenty o gear oan them,
even wee Sammy there'll be laughin
aa the wey tae the Broo oan Thursday –
that's if we win, o coorse.
The third thing is, if we waant tae gae oan
rulin the roost roond here,
if we waant tae gae oan daein juist whit we like,

so that the weemin an weans can haud their heids up,
then we'll aa hae tae stick thegither,
cause they aa think that they're the big men,
they think that we're next tae fuck aa.
There's nuthin they'd like mair than tae see us
ran oot o here.
Get ripped richt fuckin intae thaim; they'll rue the day
that they taen oan Big Rab's team.
An ah'm warnin ye's, boys, wan mair thing –
don't hae ony doubts, or haud back fir a meenit,
cause, God forbid,
if they bate us the day, the show's fuckt.

Buckingham and Fakenham

The citizen's advice bureau told him
'No hope here of reconciliation,
Best opt for a trial separation.
Contact these lawyers I know in Oldham,
"Buckingham and Fakenham", here's their card.
Sexual addiction is their specialty,
So your serial infidelity
Won't phase them at all, they love Jack-the-Lads!'
His wife hired an old firm called *'Goode and Trewe'*
(*'They're hopeless!'* he said, *'They haven't a clue!'*).
He's bankrupt now and can leisurely rue
The well-meant advice they gave him to sue.
'Now she's got the house, car and dog, you see –
"Buckingham and Fakenham"!!? – ruined me!!'

'Pinch' n' Judy

They say *'You say – we pay'* – or so they say,
A shifty luikin pair, an that's fir shair,
Thair gruppie haunds aye raxin oot fir mair,
Aff thaim wha can afford the least tae pey.
Wi creashy smiles an wads o proffert tenners,
A saicent-haund caur salesman's sleekit mien,
While as fir her – ye widnae gie a preen;
A frumpy blonde, whae's no missed mony denners.
Juist *'Fifty pence a call, your chance to win!'*
'Well done, mate! How will you spend all that cash!?'
We ken wha bears the gree here, dinnae fash,
As 'Pinch' n' Judy faun, an leer, an grin.
They're no the type ye'd waant tae ask back hame,
Aye haein tae *'count the spunes'* when aince they're gane.

Enigma

It took him several hours to work it out,
Unfamiliar, tantalising, surreal,
That finally brought some satisfaction
Of new knowledge and understanding gleaned

Unfamiliar, tantalising, surreal,
Hours spent unravelling this conundrum
Of new knowledge and understanding gleaned
A blend of strange eastern exoticism

Hours spent unravelling this conundrum
A semantic kaleidoscope of words
A blend of strange eastern exoticism
Flashes of colour flitting through forests

A semantic kaleidoscope of words
Words, themselves like birds, jewelled humming birds
Flashes of colour flitting through forests
Descending, transformed to words on the page

Words, themselves like birds, jewelled humming birds
Hunted down and trapped to become trophies
Descending, transformed to words on the page
Preserved behind this museum's glass plate

Hunted down and trapped to become trophies
That finally brought some satisfaction
Preserved behind this museum's glass plate
It took him several hours to work it out.

'Quake': A Sonnet Sequence

'Quake' is a poetical work comprising of a series of sonnets inter-linked by a narrative poem in free verse. The sonnets are based on themes and ideas inspired by earthquakes. These themes are *historical*; Chang Heng's bronze pot (an ancient Chinese seismic detection device), Aristotle's scientific theories; *geographical* – drift, palimpsest; *sociological/human* – seismic wave, the El Salvador Earthquake Appeal; etc.

The interlinking free verse narrative is a fictionalised account of one earthquake victim's experience expressed as a sort of dream; it is oxymoronically dreamlike/nightmarish, real/surreal, the post-traumatic visionary rendering of a hellish, but all too real event. One human being's futile subconscious attempt to try and make sense of an event which cannot be made sense of, and which has, for no apparent reason, irrevocably changed their life forever.

In light of recent events 'Quake' highlights and emphasises the fragility of human existence, and how the world must work together to try and help predict such tragedies, plan effective humanitarian relief in their aftermath, and therefore lessen their impact.

Rab Wilson
Scotland, 12 May 2008

Quake

(OED def : 1. To shake, tremble, be agitated, as the result of external shock, internal convulsion, or natural instability. 2. of persons, etc., or parts of the body: To shake, tremble, through cold, fear, etc. 3. spec. in mod. use, an earthquake).

I

The dream…
As I fall asleep I can hear a clock ticking.
At first it is very peaceful,
An imperceptible pendulum,
swinging inside my head.
To begin with it seems to enhance my sleep,
The gentle cadence accentuating each beat of my pulse.

Drift

A giant jigsaw puzzle, the earth's crust.
Its vast continental abstract pieces
Embarked upon some quest they cannot cease,
Blind aimless forces formed from some star's dust,
Adrift on an infinity of time,
Whose idle moments form a mountain range,
Whose ennui turns it to a desert plain,
Their secret plan no reason has, or rhyme.
At times they irritably push and shove,
But only for a million years or so,
Returning in somnolence to lie low,
Their peaceful sleep lulls those who live above;
Reposing strata wreathed in fragile curls,
Awaking with a start to jolt our world.

II

The ticking of the clock,
Which seems to come from nowhere,
Grows louder.
I see the world itself, suspended,
Swinging through space and time.
Hanging there in front of my face,
Like a hypnotist's watch,
Whose hands jerk spasmodically.
Then it begins –
A rhythm coursing through my body.

Aristotle

This world was once a speck of tiny dust,
That grew and grew just like some living thing.
We should give thanks to Zeus, and rightly sing
His praises in the temple, each man must
Do all within his power to ensure
That winds from all four corners of the earth
Blow fair from east to west, from north to south,
And save them from an underground tenure.
For once the winds are trapped in Hades' realm,
Held captive in that lightless, hopeless land,
Their airy form is tortured by his brand,
And burnt till they no longer can endure,
Then they explode in anger from their cage
And rent the earth asunder in their rage.

III

I sense my mouth beginning to grow dry.
In increments too minute to discern,
The ticking grows louder,
Louder, louder,
Like the hammering of carpenters
On a corrugated roof.
On my brow I feel a bead of sweat...

Chang Heng (AD 78–139)

Chang Heng's strange bronze pot, with gaping-mouthed toads,
Its strange elaborate dragons grimacing,
Poised in anticipation, they are waiting,
To see which one the pendulum might goad
Into releasing its precious metal ball,
For those insatiable amphibians.
Confirming one as sole custodian,
Of that disastrous news yet to appal
Those far-off, in the Forbidden City.
The old astronomer, calculating,
Cold, analysis not vacillation;
Oriental inscrutability.
When confirmation came, four hundred miles,
I swear I glimpsed the brief ghost of a smile.

IV

The hands of the clock seem monstrous,
Remorseless.
They creep and crawl like insects,
Relentlessly on.
I reach out for them,
I want to stop them;
I want to stop time itself.
I want to stop the unstoppable.

Seismic Wave

Seismic waves emanate from the focus,
This is the point where the plate always cracks.
I know all these things now, I've checked the facts,
It's not some sleight-of-hand hocus-pocus.
It's all made up of different kinds of waves;
P-waves, that move ten times the speed of sound,
S-waves, that make the rock all shake around,
Seismic, I've said, the point the plate first gave.
Then surface waves, named after those two guys;
'*Rayleigh*', *his* make the rocks move up and down,
And '*Love*', *his* waves were what destroyed our town.
The irony just makes me want to cry.
That's how it happened. Everyone says I'm brave;
Your smile is all I see though, your last wave.

V

The clock chimes the half-hour,
The peal of each bell an agonised scream,
Each scream merging, melding with the next.
The world becomes a cacophony of noise:
Hammering...
Drumming...
Crashing...
Screaming...

Mexico City

Mexico's coast sits on the *'Ring of Fire'*,
On the rim of the Pacific Ocean.
Any movement here, the slightest motion
Of the Cocos Plate, always conspires
To cause the optimum devastation.
Nineteenth of September, nineteen eighty five,
It slipped, to cause a hundred mile rive,
...Moved seven feet. This miniscule pulsation
Equalled a thousand Hiroshima bombs.
In a flash, ten times the speed of sound,
Travelled two hundred miles underground,
– Struck the city like a nuclear maelstrom.
These scientific facts grow cold and pale;
Two thousand souls lost on the human scale.

VI

The world becomes one giant noise,
This giant noise becomes the world.
An endless band of carnival drummers,
Thundering in my ears.
A box of fiesta firecrackers, each one exploding
With volcanic intensity.
A thousand trains crashing, each one filled
With a thousand unknown terrors.
I am screaming, but no-one hears;
'God! Why are you punishing me?
Why are you taking the world away from us?'

Harbour Waves

Sounding so deceptively gentle, but...
Change that to 'Tsunami', and the picture
Suddenly becomes more sinister;
Primeval Great White sharks, stalking their prey.
Faster though, more lethal, much more deadly.
Those which struck the coast of Easter Island
Traversed two thousand miles out from mainland;
Laid low those ancient idols on their way.
Power: awesome in its blind intensity.
Far out in the deep ocean, a slight ripple,
Incredibly fast, imperceptible,
Till, growing, raging with ferocity,
These *kamikaze* waves attack the shore,
Expiring with a valedictory roar.

VII

The house itself begins to shake,
I run out into the street,
The walls of each building seem to shimmer,
Like a mirage.
...The whole world falling to pieces.

El Salvador Earthquake Appeal

I dropped some careless change into her can,
Seduced by darkly pleading Latin eyes,
Incongruous beneath these leaden skies,
Then felt the hungry, sharp tug at my hand,
'You promised Dad, we'd go to Burger King!'
I never paused or gave a second thought,
Till pausing by a TV rental shop;
Those same eyes from a screen stare, stark with longing,
While other urgent hands hungrily sought,
And tore in desperation the debris –
And gave thanks for one living child torn free.
What puny comfort will my change have bought?
Charity's paper is a thin veneer,
When fearful new cracks in our world appear.

VIII

I awake into another world,
A world of astonishing silence.
I am alone, utterly alone.
Amongst the rubble that was my home.
Face-down in the dust.
A figure cruciform.

Palimpsest

That relentless rise and fall of cultures,
The rhythmic erasure of old nations,
In endlessly titanic orchestrations,
Requiems writ large for their sepulture,
Echoes resounding from the dawn of time,
Seismograph scores transcripted by machines,
Recording the very rock's hidden themes,
Merciless, ruthless, remorseless and sublime,
This world of ours, an ancient palimpsest,
Where endless symphonies have been composed,
Their every subtle movement left exposed,
That Time may read with cold disinterest.
Erased, forgotten, then re-written upon;
How often has Atlantis come and gone?

IX

I awake again.
I am a ghost in an army of ghosts,
picking bricks from ruins.
The world has become unreal,
Ethereal, this is not my world.
It is as if I have slipped beyond time,
Beyond existence,
Into an unfathomable darkness,
Where we must remain vigilant,
eternally alert;

Listening...,

    Listening...,

        Listening...

Part Three

The Brig at Straith

The troot soom lazily ablow Straith brig,
tails oscillating timelessly, the waarm
sunlicht flowin doon through tree and twig.
Barely seen, their undulating forms;
While Summer's momentarily distillt.
My reverie rent by the slichtest ripple;
the flickin fin that left me quately thrillt,
an thocht there aiblins wis some principle,
some fundamental truth ah micht discern
fae these vague silhouettes, these cryptic shapes,
these ghaists o fish, hostage tae pirn or Hern
wha soomed in ma unconscious innerscape.
A mystic moment o deep peace evolved,
submerged tae hidden depths, and then, dissolved.

Appreciation

Whilst reading Frost's 'A Soldier' on nightshift,
I glanced up as interminable rain
Formed Jackson Pollock paintings on the pane,
And felt a sense of wonder at Frost's gift;
Thought I knew then exactly what he meant.
Then recalled fondly how my spinster aunt,
That stern headmistress, with skill to enchant
We children with her stories, or poignant
Tales of starving Jarrow March crusaders,
Had passed her love of language on to me;
Instilling the ability to see
So clearly now that crusty old homesteaders
Simple truths, set down in his creations.
How she'd have smiled at such observations.

Diptych: The Hills

PART 1

Langsyne oor forebears trod these heichts an howes,
Traversin tracks that time hus lang erased,
The faded lines oan maps o aulden days,
That anely herds ken nou, or wandrin yowes.
Whaur aince pedestrian heroes learnt their tred;
Barclay's thousand miles – in a thousand hours,
Cunningham's lauchter, while the coachman glowrs,
Or youthfu Thomson, mairchin whaur fame led.
Their weel-worn paths hae aa but disappeared,
Owregang wi gorse, lik some auld body's mind,
That strives tae fuin some memory, lang syne tyned,
An luiks taewart the hills wi een that's blear't:
Somehou, doun throu the years, we've gang agley,
Somehou, alang the road, we lost oor wey.

PART 2

Today we've seen the glories o the hills,
Awaukent in oorsels some auncient need,
A sang heard in some hauf forgotten leid,
That lifts oor herts tae lowse us frae life's ills.
Some age-auld wish hus stirred within our breist,
That atavistic urge tae juist stravaig,
Seen Arran's lofty peaks, an Ailsa Craig,
The seascape views that rax intae the west.
These journeys o the hert that we hae taen,
Re-trace routes buriet lang athin oorsels,

Some thing lang deid's reborn, we are compelled
Tae walk these paths an claim thaim fir oor ain;
Thon distant range wull ring aneath oor buits,
The road aheid lies straicht, step boldly oot.

Over the last hundred years or so many ancient footpaths and routes have gradually disappeared from our Ordnance Survey maps. Strenuous efforts have been made in the last decade to resurrect and re-establish these old walkways.

During the late 18th and all through the 19th century there was a craze for 'Pedestrianism' – long distance walking! A few of these forgotten heroes are mentioned in the poem;

Captain Barclay *– who, in 1809, walked one mile every hour for 1,000 hours against a wager of 1,000 guineas (1,000 guineas in 1809 would be worth about £40,000 today, but side bets brought the total at stake to about £40 million!). Captain Barclay's walk took place on Newmarket Heath and attracted thousands of on-lookers. He is the only person ever to have achieved this record, and the feat is unlikely to be emulated.*

William Cunningham *– who challenged the Mail Coach to a race from Glasgow to Sanquhar. The direct road to Glasgow on foot by Muirkirk and Strathaven was shorter than that taken by the coach via Kilmarnock, the former being about 48 and the latter about 58 miles. William Cunningham, a watchmaker in Sanquhar, made a bet that he would cover the distance between the two places in less time than the coach. They started together from the*

Tron steeple in Glasgow, and when the coach swept round the turn of the road at the Tollbooth in Sanquhar, the driver, to his astonishment, spied Cunningham standing at the inn's close awaiting its arrival to claim payment of the bet. He had done the journey in eight hours, keeping up, that is, a rate of six miles an hour, and won with 20 minutes to spare.

Joseph Thomson – The Scots African explorer – he walked across southern Scotland on one of his 70-mile training exercises – from Thornhill in Dumfriesshire to Edinburgh. He walked this one day in July of 1886, stopping at Biggar for breakfast and reaching Edinburgh in the early evening, completing the entire distance in 16 hours: he died in 1895 at the age of 37.

The National Conversation

'A Wheen o Blethers...'

Whit's taen the mind up o the nation?
Is it the National Conversation?
Or vandals at the railway station,
            Cowpin flooerpots over?
Or aiblins mibbes 'Wealth Creation'!?
            When's the neist 'Roll-over'!!?

Ask me, 'Stands Scotland where it did?'
It's no chynged syne McBeth goat chibbed!
Ah'll say, ye neednae try tae kid
            Us wi yer web-site hits,
Like 'Smeato', you'll get three rap-id!
            D'ye think we're aa hauf-wits!?

Thae politeecians play their gemmes,
Whilst sleekit like they pit the hems,
An try tae rax the diadems,
            Frae each ithers heids,
Miss Brodie, whaur's yer 'crème-de-la-crème'!?
            Nou we're sair in need!?

Thon Budget coup bi Jock an Sawney,
Juist pruived New Labour hudnae ony,
Guid new ideas that they could rin wi,
            Whaur wir aa their aces!?
Mim-mou'd they staun ahint puir Wendy,
            Egg upo their faces!

While Sawney, lik a Cheshire Cat,
Grins ear tae ear, an doffs his hat,
Tae Greens an Tories, whae aa gat
          Somethin aff his cairtie,
Buses, Polis, or Business Rates,
          (Bocht fir tuppence ha'penny!)

There's Anna Goldie, an Brownlee,
Resortin tae some banditry,
Rob Roy wid beam wi utter glee,
          At thon pair's fly *'sneck-drawin'*,
'Mair Polis oan the streets, ye see!'
          Nae wunner Anna's crawin!

Likesay, the Greens, whaes biggest plus wis,
Keeping Souter *'Oan the Buses'*!
Micht suin regret bein generous, as
          Ann Gloag's like tae ask,
Thaim tae Kinfauns fir sandwiches –
          Tho mind! *'Keep Aff The Grass!'*

Meanwhile, the planned Wind-Fairm oan Lewis,
Could see a snell wuin yet blaw throu us,
A nuclear winter yet could do us,
          Oot o oor birthricht,
Fir sake o jucks an whaups an skuas,
          We'll aa be tint in nicht.

Whilst ither *Plannin Applications,*
Hae caused some Doric consternation,
Their Cooncil *'Trumped'*, the implications
          Bein wealth obscene,
Taks precedence ower conservation –
          Whaur's the *'Puttin-Green!?'*

But Sawney's failt tae close the yett,
Oan classroom sizes; student debt,
They'll suin cam back tae haunt him yet,
   Should he no deliver,
Whilst Hyslop flips, an flops, an frets,
   Haurd-up students shiver!

Puir Sawney! He consoles himsel,
Wi a tasty '*cairry-oot*' meal,
An sends the offeeshul limo wheels,
   Tae fetch his '*Rogan Josh*'
Scoffs '*Prawn Biryani*', fresh frae the creel!
   (Tax-payers coont the cost!)

There's ae thing tho he'll no fuin funny,
Nou James Purnell hus '*spat-the-dummy!*'
An wullnae dole oot Sawney's money,
   Fir his new tax-plan!
Luiks like the land o milk an honey's
   Aiblins doun the pan!?

An Nicola's task is no nae cinch,
As cash-strapped councils feel the pinch,
'*Free Care*' fir auld yins micht be tint,
   Gin COSLA '*bells-the-cat*'!
Whan this flagship sinks in the Minch,
   Wha'll tak the blame fir that!?

The battle nou fir Bannockburn,
Hus taen a queer an unco turn,
Canavan's '*Right tae Roamers*' spurned,
   While Wullie Roddie's dyke,
Festooned wi warnins stark an stern –
   States '*Ramblers: Tak a Hike!*'

An '*Question Time*'? we must accede,
Sawney's wit's left Wendy fir deid,
Her fowk must aa be aff their heids,
      Tae try sic craic,
It's time tae lowse '*Rottweiler Reid*'
      Wha'd suin attack!

But she can weel afford tae smile,
(*Fir Southron friens hae uised their guile!*)
Nou she's been let oot o the jyle,
      Ower thon dodgy cheque,
Harriet Harman's hidden pile,
      Aiblins saved her neck!

Aye, thon's the type o '*causey-clash*',
That's like tae cause us aa some fash,
As usual, juist luik fir the cash,
      It maks the warld gang roon,
Juist watch the politeecians dash,
      Tae the '*clink*' o thon auld tune!

But, Scotland free!? It hus a souch,
O some auld lang forgotten truth,
Gin we hud some new '*Rab the Bruce*'
      Tae tak up thon auld cause,
At least the bluid o Scotia's youth,
      Micht no be tint in wars.

'Look on my Works, ye Mighty, and despair!'

Ma faither uised tae tak the Silver Baund,
Twa nichts a week, up in the auld Toun Hall.
At hauf-time brek us young anes aa wid trawl
Labyrinthine rooms, whaur sunlicht niver shone,
In howps tae mibbes fuin some magic hoard.
But disappyntment dealt us dael-a-haet;
Auld ledgers in haund-written copperplate,
Shelves stapt wi bygone lives, oor just reward!
Till ae room yieldit up its treasuir trove,
A stour-cled muckle portrait, tall's masel,
An starin oot, wi haund oan his lapel,
A stern auld man whaes chain o oaffice glowed.
Years syne ah've aftimes wunnert wha he wis,
Thon bastart wean o Ozymandias.

Pity the Poor Pop Singer

Pity the poor pop singer.
Unlike we poets, or writers of books,
Their art is never scrutinised.
The critics rarely pour their scorn,
On their simple rhymes and three-chord tricks,
The whamma-bamma-lamma of riffs and licks.
They long for the kind of analysis
Given over to politicians,
And other things that really, really matter.

They will never know
John Humphry's ironic languor,
(Argument from repetition)
Paxman's vitriolic sarcasm,
(Argument from intimidation)
Or Clarkson's sixth-form humour,
(Argument from obscurity)

No consequentialist perfectionism for them,
George Michael must eternally await 'Freedom'
From the false consciousness of his morality.
Stuck in the vox pop paradox of popstar polemics;

'*So, what's it gonna be, George!?*'
Big Mac or KFC?
Man U or Chelsea?
Topman or Matalan?

Pity the poor pop singer.

Praise

The girl stood in the field beyond Burnhead,
Beside Goldsworthy's elemental egg,
A sea of golden barley swathed her legs.
Lost in some reverie, perhaps she heard
The druids, far atop, on Tynron Doon,
Intone their ritual chants and magic charms,
That conjured up the sun that warmed her arms,
But cast no light upon these modern runes;
This conundrum, lost in contemplation,
A castaway adrift upon a sea
That shimmered, writhed and snaked above her knee,
Its beauty now an incensed adumbration,
That raged against the intent of her gaze,
But failed to break the spell of ancient praise.

Blues for Clifford Brown

That night at Birdland you stole Navarro's crown,
seducing every tune unconsciously,
with your oh-so-easy trademark legato.
Hardly needing to reach beyond an octave;
rich, melodious, fat and warm,
your horn caressing each expressive note,
silky as smoke, and just as addictive.
All the drug you ever needed,
found in 'Easy Living', 'September Song',
'April in Paris', or 'Embraceable You'.
You had it all – but never kept your promise.
So now unknowingly we speak of
Dizzy, or Hub, or Miles, or Lee Morgan.
When the car left the road,
just east of Pittsburgh,
friends had no words for their grief;
Max, locked inside a hotel room,
two bottles of cognac, inconsolable;
Sonny, who *just picked up his horn and blew all night*;
or your young wife, waking to be told,
on the morning of her twenty-second birthday,
covering her ears, so all she could hear,
was the sound of the tune you wrote for her,
pure and clear, played on a beach,
as the ocean receded.

Clearing Out

Left to the youngest daughter,
that task we dread;
clearing out,
when someone close has gone.
A life contained in wardrobes
and in drawers,
evidence of our brief existence;
the flotsam and jetsam
of a dozen handbags,
endless pairs of shoes,
that shopped, or danced,
or stood in check-out queues,
washed up for eternity,
on the shores of life.
These things that once had meant so much,
now meaningless,
yet – full of meaning;
the coat worn in that photograph,
on holiday with dad –
the coat that none of us ever liked;
the dress worn on that picnic long ago,
that looked and smelt of summer;
the top she always wore –
the one that didn't go;
and here's the blue one –
that suited her just so.
All folded neatly now and
placed with loving care,
in cold cardboard boxes.

Regimental black bin-liners filled;
all destined for the anonymous ranks
of some charity shop.
Then, when there's nothing left to do,
you stand bereft.
Perhaps though, there is something left,
that may sustain us,
which surely is enough,
when all these transient things are gone;
then what remains is love.

Creative Burns

*Poems commisioned by East Ayrshire Council as part
of their major Creative Burns Exhibition for the 2009
Homecoming Year.*

An' Brought A Paitrick To The Grun', A Bonie Hen...

Pulchritude ye'd heeze up in a sang,
Highland Mary, Peggy, Bonie Ann,
Impulsively yer *'tinder heirt'* wid gang,
Luikin fir some lass tae gar it stang;
Lovely Polly Stewart, Handsome Nell,
Implorin, beggin *'Can I cease to care'*,
Pleadin *'Thine am I, my faithful fair'*,
An you? a Fornicator! – truth be telt.
Aye, when thon famous Nine an Phoebus
Inspired you tae dip auld Stumpie's nib,
The jads wid be taen in wi parlance glib,
Kindly meant, but laced wi daurker purpose;
Evri honied wird, an craftit phrase,
Notched tae the bow, an deidly in the chase!

Hail, Caledonia!

(inspired bi a veesit tae Sean Bythell's buikshoap in Wigtown)

Amang the serried ranks o history;
Hielant clans an regiments, distilleries,
Goring's fantoosh 'Scotland's Autobiography'
Covenanters vauntie o their bigotry,
MacDiarmid's twistit face, an R.L.S.
Tenement tales, couthie, aye, an canty,
By Lavinia Derwent or Cliff Hanley,
Burns' 'sentimental doggerel' verse,
Robert Crawford's epic 'Scotland's Books'
Alan Warner's uniformed Lolitas,
Cunninghame-Graham's sultry senoritas,
Irvine Welsh's junkies wi their plooks –
Aa Scotland. Warded here athin these bouns!
(Steikit atween *Oor Wullie* an *The Broons*.)

I Saw Thy Pulse's Maddening Play...

Curiously ye wrote tae Helen Craik,
Lamentin aspects o yer loat in life.
Ye made it clear ye'd read *Lives of the Poets*,
Weichtin up the fates o the Rhymin tribe.
It wisnae whit they suffert that ye mindit,
But that which amplified their sufferin;
Curst wi a heichtent faculty o senses,
Imagination greater than the lave,
Passions roused bi juist the slichtest impulse.
A different stamp frae ither warldly fowk,
Bewitcht, beguiled, seduced bi thon strange urge,
Tae follae some grasshopper's siren sang,
Tae gaze at minnons in a pool o Simmer,
Or pairt the gress tae glimpse a butterfly –
That kind o madness shairly is a blessin.

Wi Sharpen'd, Sly Inspection...

Defiantly the boy stuid in the dock
An twirlt the earplugs o his MP3.
The new suit that he'd bocht hissel at Aldi's
Slought aff him lik the skin aff o a snake –
He lickt his lips an leer't ower at the jury.
Whilst peerin at him ower his hauf-muin specs,
The Sheriff oan the binch eyed up his prey,
An ettled whit the boy micht huv tae say.
'We wis in the flat, y'know, thon Friday,
The day they say ah taen the guy's PlayStation,
While aa the Young Team hung aboot outside,
Weel, ah wis feart, y'know, feart tae gang oot,
Wi aa the Young Team growlin et me, like.'
The Sheriff drummed his fingers, pursed his lips,
Incredulously weichtit up the boy,
Incomprehensively sized up the boy,
'Pray, could you please define,
who are the "Young Team"?'
Ower the gulf o poverty, the boy,
Ower the gulf o leeteracy, the boy,
Incredulously weichtit up the judge,
Incomprehensively sized up the judge –
Strangers, each o thaim, frae ither planets;
'The Young Team!?
Eh, ye're askin whaes the Young Team!?
Fir Chrissakes! It's the Shady FLEETO, mate!!'

Before the Flood...

Dismissed as juist 'a fouth o auld knick-knackets'
Ye hud nae time fir Grose's praicious relics;
Indulgences that you could ill-afford.
The winnin o yer faimily's daily breid
Taen aa the strength an energy ye hud.
Lochlie: yet anither ruinous bargain,
Its tenure unnerscored bi litigation
Agin thon sleekit laird, McLure o Shawwuid.
The Pyrrhic victory, a bitter hairst,
That brocht yer faither tae an early grave.
Thon hunner acres – treeless, blastit muir,
Rain-soakt an watter logged fir maist the year.
Ye aiblins peyed nae heed tae thon wee lochan,
The island that appeared in time o drought,
An ne'er wid think that lang syne ither fowk
Hud worked this grunnd in Scotia's murky past;
When hills wir forest cled, trees fellt tae mak
Dug-oot canoes o aik that sailed these fields,
An auncient fairmers, nae dout lik yersel,
Kent thon sair daurg that bruck yer faimily's heirt.
Poets aa must write the warld they ken,
An nae man better wrote his warld than you;
Gin you'd bin gien the leesure Grose enjoyed,
Whit ither wunners micht yer mind hae gien us –
Kythed tae thaim wha hae the makar's gift.

At the farm of Lochlie, near Tarbolton (inhabited by the Burns family 1782–4) there are the remains of an ancient Crannog, a timber-built house built on a small island in a loch.
These remains have been dated, using dendrochronology (tree-ring dating) to about 200 AD. Robert Burns would in all probability not have been aware of the existence of this early lake-dwelling.

Guid Black Prent

This isnae raelly Wilson's Prentin Press,
But lat yer mind juist kid-oan that it is –
This braw conglomeration
O guid Scots aik, o bress
An ferrous metal,
That, steikit awa in-bye the Starr Inn Close,
Churnt oot dreams frae elemental dust;
Blin Milton's tortured Satan, Sillar's shilpit vairse,
Hamespun muirland rhymes o John Lapraik,
Or the sadly negleckit 'Scotch Milkmaid'.
Whan Burns saw you whit did he think?
As he ran his reuch haunds ower
Yer sturdy flanks;
Weichtin ye up lik some naig at a fair,
'*Wull she rin or no?*'
Tho ithers micht hae lackt in faith,
Ye ne'er did dout yersel.
You kent yer warth.
Tae ken yersel hud bin yer constant study.
Thon hungert bairntid aiblins drave ye oan,
It wis nae saicret that ye craved fir fame;
Til nou ye're stuid there in anticipation,
Fou fidgin fain, the first blauds in yer haunds –
The hauflin aiglet percht upon its eyrie,
Ee'in up its endless blue domain.

From Scenes Like These

Burns, yer speerit permeates this place,
No because ye're leeterally staundin thair,
Thon hauf life-size maquette o Stevensons,
Or aa thae clatter-traps athin gless cases;
Kilmarnock First Edition, the cup that wis yer faither's,
Or skull, whaes hauntin, eildritch empty sockets
Held the ee yince *'unlike any other'* –
Naw, this room hauds aathing ye held sae dear.
Howard de Walden's stunning Banqueting Hall,
Bizzin wi the claic o tungs, an history!
Ceilins festooned wi bricht heraldic banners,
Thae Ayrshire names that fame hus haundit oan;
Balliol, Boyd, Soules, Ellis, Lockhart.
Scottish lions, RAMPANT! English lions, prowling –
Stags' heids, ships an stars an crescent munes,
Gleamin suits o braw medieval armour,
de Waldens bust, inscribed *'Auguste Rodin'*
Gorgeous pentins bi thon *'Glesga Boy'*;
'Summer's Day' an 'Listeners In The Woods',
Ravishing, priceless, rerr, but... anely things.
The rael gowd here's the fowk, the 'Textile Team'
These weemin settin at their frames an looms,
Restorin Scotia's glory, steek bi steek.
Wha, like you Rab, widnae tak a fee,
Kennin posterity wid pey the lawin.
Mairi models a 'Medieval Bunnet' –
'Designed', she says, *'Tae keep the vermin in*!'
Irene's knittin up 'Teddies fir Trauma'
Sae Chernobyl'd, earthquake'd weans micht hae a toy,

(ye'd like thon – *wipin tears frae evri eye*!)
Janice raxes fir a spat o prins,
Prepares the neist quilt fir the 'Linus Project' –
Gien tae bairns wha'll ne'er growe tae manheid.
Linda cannily plies her age-auld tred,
Ayrshire flourishin – rerrly seen these days!
Mony's a lass walkt proudly doun the aisle,
Wearin some creatioun o her makkin.
Maggie wrocht doun at the V&A,
An's faur-i-the-buik in conservation lear,
Yet gies affhaund her priceless time fir free.
Katrona turns oot wee medieval tablets,
Luvely scenes frae auncient 'Books o Days',
Fykie wark that taks yer braith awa.
Pat's wee 'Cross in a Pocket', comfortin
Bereaved, bereft, or thaim in need o solace.
There's Gill, engrossed, at her 'Inkle Loom'
Wha kens aathing anent the weavin tred –
Her talks o pirns an bobbins, threid an shuttles,
While Doreen's V&A Victorian Dollies,
Are focht ower bi the weans doun at the 'Dick'.
Curators' curious tour-groups come an go,
(an speir, '*Is thon bi Michelangelo?*')
Yet, aye bide langest in this special room,
Amangst this omnigaddrum o the talents,
Drawn as if bi solidarity,
Gin *they'd* like tae be pairt o these ongauns.
Maureen an Louise, loast in their daurg,
Mangst the whirr o furious shewin machines;
Margaret an Grace, huncht owre twa muckle frames,
Are eidently engrossed in needlecraft,
Conservin rerr Renaissance maisterpieces,
Huge curtains frae the 18th century,

That aiblins hung in some Italian palace
An veiled ongauns o randie courtesans!
Whit stories could ye tell, gin ye could speik?
The lasses peer throu magnifyin glesses,
Sic *is* the precise naitur o their wark.
This room is aiblins some queer metaphor,
Fir aa the things that mak oor kintra great,
Past glories aye, but aye-an-oan the people,
Tiny stitches, haudin us thegaither.

Love Blinks, Wit Slaps,
an Social Mirth...

Whit's that commotion frae Nanse Tannock's Inn?
Ye couldnae blame a fellae, keekin ben,
Tae try an fuin the source o sic a splore.
Is thon no Rhymin Rab that's haudin coort?
Nae dout he's readin oot some crambo clink;
It seems tae be aboot the Haly Fair.
He's goat hissel weel baulkit in his chair,
An's goat his clique o cronies, *an* their lasses;
Jean Armour's hingin oan his evri wird,
An there's his brither Wull wi Nellie Martin,
An's thon wee Jamie Smith wi young Jock Richmond,
Wi twa, three ither lassies frae the toun?
Auld Nanse's face is trippin her, the jaud,
Airms foldit, staunin sour-faced hint her buird,
Fun's fun, but pits nae siller in yer pouch,
She'd rather hae some fairmers in their cups.
A guid joab Wullie Fisher's no aboot,
There's nae dout *he'd* gae clypin tae the Session,
He taks sic ill-delicht tae steer things up,
His clapper-tung lik some auld sweetie-wife;
There's nane'll mind o *him* when aince he's gane!
Rab seems tae be in famous craic the nicht tho,
Ah've ne'er heard the young anes laugh sae much,
He's funny, aye, but *yet*, he speiks the trowth,
Uncanny hou he pents fowk tae the life.
Their daffin echoes by me doun the loanin,
Time's wearin oan, ah best be oan ma wey,

Likesay, ye'd be a gey ill-heirtit chiel,
Tae tak a pike at young anes haen sic fun –
An ah'll admit, there's *somethin* in his havers,
Aye Rab, ye'll cheer the lave, some ither nicht.

Whare Burns Has Wrote, In Rhyming Blether...

Ah'm stuid at Mauchline Cross, in sairch o Burns,
Aa roond me there are signs that he's still here;
His Nasmyth eemage keeks frae ilka shoap,
Mauchline-ware aboonds in his museum,
Plaques oan wa's state this wis whaur he leeved,
Ah chap the door – but Rabbie isnae in.
Wistfully Jean Armour's pensive ee,
Frae her plinth anent the library,
Yearningly scours the howffs o Loudon Street,
The oot-raxed haund, vainly seekin yours?
Her heirt that beat sae waarmly, turnt tae bronze,
It's obvious she's waitin oan her man,
Whae's aiblins bein taigled bi his Muse,
An's drinkin Coila's health in Johnnie Doo's;
Whit'er, Jean recks that suin Rab wull cam hame.
Yer ghaist, wanrestfu, seems tae haunt this place;
Doun the Cowgate, Castle Street, the Kirk,
Ah hauf expeck tae see ye staundin there;
Thon lustrous ee, that stubborn manly air –
But naw, nae maitter hou we aa micht luik,
Ye're anely nou the stuff that dreams are made oan.
Ah daunder past the flooer shoap, Red, Red Rose,
An nip intae the Mauchline Service Station,
Tae grab a can o juice an bite tae eat.
The lassie seems a sonsie gracious sort,
Wha spies the tourist pamphlets in ma haund,
Then blithely blethers proudly anent 'The Bard'

Unbidden, syne she rowes up her sark-sleeve,
An there ye are! Tattooed upon her airm –
Yer face, the dates, the legend; '*Robert Burns*'
Her een licht up – '*We aa luve Rabbie yet*!'
An shakkin her haund tae gae, ah say '*We dae.*'

Freedom's sword will strongly draw...

FORGING

Byordnar blades demand guid metal,
You wir forged at Turnberry's auld castle;
Lord o Annandale, Earl o Carrick, de Brus,
Destiny haimmert oot upon fate's anvil.

ANNEALING

The '*Great Cause*' gien the croon tae Balliol,
You swithert, dithert, syne taen sides wi Langshanks,
Swore an aith o fealty at Carlisle;
The alchemy fir makkin swords, or kings,
Demands a fleetin saftenin o the metal.

GRINDING

Plot an sub-plot, ploys, intrigues an schemes,
Cannily play ae side agin the tither.
Yer wird the day micht mak ye Edward's man,
But aye you hud yer ee fixt oan the prize,
The prize ye socht, an kent micht weel be won;
You kent the mune can, times, eclipse the sun.

HARDENING

Wallace claucht, unfairly tried, an killt,
Comyn sacrificed oan Greyfriars altar,
Twa brithers taen, an cruelly executit;
Worn oot, tired, forjeskit wi the fecht,
This quenchin tank o bluid hud made ye brittle,
But you hud won the people's heirts an minds,
An pruivt they neednae thole an Englis yoke.

TEMPERING

Strong an haurd, flexible an shairp,
Fit nou tae be drawn in freedom's cause;
Mountit oan yer palfrey bi the burn,
Ye view the host o Englis chivalry,
An weicht thaim wi the balance o yer mind.
The die nou cast, the order's gien, '*Advance*!' –
An Scotland follaes you tae fame, or glory.

Postscript;

COMPLETION

Timeworn traiveller, frae thon turbulent times,
Hingin there, up in the armoury room.
Worn an auld, corroded nou wi eild,
Aamaist a thoosan years hae dullt yer edge,
An thaim athoot the wit or mense tae see,
Wid haurdly notice you, or pass ye by,
Seduced bi Salamanca, Samurai,
Basket hiltit claymores, an the like.
Plain, unadorned an cruciform, ye ligg,
Bidin aye the Bruce's stark command,
Wi something yet, that aince won him Scotland.

*Inspired by viewing an ancient sword in the collection
at Dean Castle that was forged at the time of Scotland's
'War of Independence'.*

And Joys That Riches
Ne'er Could Buy...

Ah'm sittin in whit wis de Walden's chapel,
Heich abune Dean Castle's auld coortyaird,
Lik some medieval prisoner in the too'er,
Shut awa wi juist his thochts fir comfort.
Ye'd tak it fir some store-room, nondescript,
Shelves tae the ceilin, stackt wi cardbuird boaxes,
But, keek inside, this place is fou o ferlies.
There's aa the faimily papers o the Boyds,
Lords o Kilmarnock aince upon a time;
Their sad fourth earl wha focht an dee'd fir Chairlie,
Wha wagert aa oan ae thraw o the dice;
Here, his last letter, written tae his son,
Heirtbrekkin, brave, pathetic an profound.
In this boax bides the Muirs o Rowallan,
In that ane there's Carnegie an Keir-Hardie.
There's textiles, provosts' robes, an snaw-white lace –
Aiblins wrocht bi some lass at Newmilns?
Whaes nimble fingers daith hus lang syne tined.
Linda Fairlie sets doun oan the table
The boax that hauds the things ah waant tae see.
She lays oot reverently some auld papers,
Plastic sleeved an nummert: here ye are!
Robert Burns' original manuscripts.
Ah settle back tae savour 'Tam O' Shanter',
An aiblins howp tae get inside yer mind,
An capture fir masel thon spark o genius.
This makar's daurg's no chyngt much ower the years;

A wird scored oot, rewarkt an then replaced,
Tae mak it scan an flow wi perfeck ease –
That lumpen *'laden wi'* becomes *'wi lades'*.
Crammed in the margin, brilliant eftirthochts –
'Care, mad to see a man sae happy,
E'en drown'd himself amang the nappy:'
Guid lines taen oot – replaced wi lines e'en better;
'The torches climb around the wa'
Infernal fire, blue bleezing a' '
Til, *'Coffins stood round like open presses,*
That shaw'd the dead in their last dresses;'
Mysterious lines that ne'er made the cut,
A couplet that tae me seemed gey weel suitit;
'Seven gallows pins, three hangman's whittles,
A raw o weel-seal'd Doctor's bottles;' –
Nou, why the hell Rab did ye tak thon oot?
Aiblins feart tae hurt some Doctor frien,
Or upset 'Johnnie Hornbook' aince agane?
While ither curious mysteries abound;
That strange wee cipher, doun bi the page fuit,
An *'Maggy'*, in the MS, spelt wi *'y'* –
In ony version ah've read's spelt *'i-e'*,
No lik you tae deviate lik thon?
The hale set-oot in elegant fair-haund,
That sweeps an glides wi vauntie curlicues,
Figure-skatin its wey across the page,
Unparalleled exemplar o yer craft.
Reluctantly we pack yer wark awa,
An place the dull broon boax back oan its shelf,
Switch oot the licht, an lea ye in the daurk –
You, wha at the last, sae craved the sun.

Wae Worth Thy Power, Thou Cursed Leaf!

Aye Rab, here's oor reputation,
As the warld's maist thrifty nation,
Wreckt bi greedy speculation,
    An *'Toxic Assets'*
Scotland's banks face ruination,
        Frae Yankee wadsets!

It's no lang syne, sin oor frien Sawney,
Said economic seas wir balmy,
An cuddled up, aa smiles an smarmy,
    Tae bankin chiefs,
Nou he gangs *'cap-in-haund'*, wi's Tammy,
        Tae cadge relief!

But sleekit bankers arenae new,
Mind Miller an Dundas's crew,
Wir keen tae pit the hems oan you,
    At Ellisland,
Back then, as nou, the *'well-to-do'*
        Ne'er lift a haund!

This fall o banking's bastions,
The heroes o their pantheon,
Is aiblins worse than Darien,
    When *'best laid schemes'*
Turnt oot less than Utopian,
        Tae dash oor dreams.

Whit caused this dreidfu dissolution,
O Scottish banking's institutions,
Wha wull we seek fir retribution,
    Wha'll bear *this* gree?
Rats soom in sairch o vindication –
      'It wisnae me!'

Weel, mibbes it's the Scottish psyche,
Blame queer antisyzygy,
Blaw oor trumpet!!?? (me-no-likey),
    Or, *'Wha's like us!?'*
Mixter-maxtert, fanklet, taiglie,
      Reelin, stotious...

Else, *'fier comme un Ecossais'*,
But, *'Prood o whit!?'* roond here the day,
Nou *'Fred the Shred'* hus won away,
    Wi *'Nae regrets!'*
'Pride comes afore a faa', they say,
      (Mind, Fred's nae debts!)

Wha'll sauf us nou frae fiscal doom?
In, gallopin, comes Gordon Broon,
Wha'll tak the fat-cats' knickers doun,
    An skelp their erses,
Announce *'Aa's weel!'*, then importune,
      The Public purses!

Whiles aince we've aa goat ower the fricht,
He'll tap thae *'Gnomes o Zurich'* richt,
Crocodile tears he'll swiftly dicht,
    Syne trail us in his wake,
Tae see thon maist impressive sicht –
      A Scotsman oan the make!

A Socialist true! He'll win oor thenks,
Bi nationalisin Scotland's banks,
But watch oot fir *'Auld Labour'* cranks!
     Nou they hae claucht ye,
Wi knife stuck in the *'Piggy-Bank'*,
        They'll try an sort ye!

A shame the kintra's in the rid,
(But we hud nocht whan times wir guid!)
Sae nou ye neednae try an kid
     Us wi mair lees,
Juist lea us tae oor *'Fiddler's Bid'*,
      The *'Birds an Bees'*!

Whit heppen't tae oor watchword, *'Thrift'*?
These straichtent times hae gar'd her shift,
Yer auld girl, *'Prudence'*, gang adrift,
     Oan choppy seas,
Debt steiks the door lik Wunter's drifts,
      We're oan wir knees!

Yet, it's no lang we hud great surfeits!
Whan bankers bummed o *'Record Profits'*!
Did they no think, sat at their banquets,
     Oan Pharaoh's fears,
Tae set aside pairt o their budgets,
      Fir leaner years?

An whit aboot young business ruits,
Thae fragile economic shoots,
Wull they be washt up destitute,
     When floods recede?
Abandoned by the heirtless bruits,
      In time o need.

Fir Chrissakes, whaur's the guid Scots mense,
Three hunner years o common sense,
That guardit evri haurd-won pence,
    Tae mak it growe?
Whit say ye nou, in your defence,
      Here at the roup?

Aye, Scotland's pride hus taen a dunt,
Faa'n prey tae the *'Global Credit Crunch'*,
Dundas's ghaists walk, exeunt,
    An weel micht rede –
This michty Stag, fell'd in the hunt,
      Nou *'Pottit-Heid!'*

Part Four

Ebb and Flow

Ablow the Mennock brig the fishers staun,
timeless as herons, the patience o saints,
the eident haund awaits the slichtest faint
tremor frae the glistenin carbon wand.
Whilst ower the saundstane parapets men lean,
an oaffir up auld saws o fishin lear,
hou catchin fish hus nocht tae dae wi gear –
'Ah caught mair wi ma faither's Greenheirt, frien!'
Wull's pick-up stoaps, he brings some dowie news,
'They tell us that the auld Duke's passed awa.'
The fishers gravely nod, *'Ah've mind'* says Joe,
'He let us aff wi poachin aince, it's true!
A daicent man...' They pause, a screamin spool,
'Sam's heukt a big yin boys! Abune the pool!'

Heraclitus

*(owerset frae the writin o William Johnson Cory –
1823–92)*

They telt me, Heraclitus, they telt me ye were deid,
They brocht me dowie news tae hear, an dowie tears tae shed.
Ah gret, as ah hud mind o, hou often you an I
Hud deaved the sun wi blethers, an sent him doun the sky.
An nou ye're liggin thair, ma dear auld Carian frien,
A haundfu o grey ashes; lang, lang ago at rest.
Still tho yer couthie vyces, yer nichtingales, awauk;
Fir daith, he hus taen aa awa, but *thaim* he cannae tak!

*(Heraclitus's words were described by the ancients as his
'Nightingales'.)*

'There is a Kingdom...'

This is an owersettin o the aria frae Richard Strauss's opera 'Ariadne auf Naxos'. Ariadne, deserted bi Theseus oan the island o Naxos, lays her brains asteep anent the day (suin tae come, she feels) whan she wull be sent fir bi Hermes, the Messenger o Daith. In full despair, Ariadne descreives the land o daith tae whilk she wull gae tae win awa frae aa her pains. She walcomes daith, thinkin that in the land o daith she wull fin aathing that hus bin denied tae her in her life.

Licht is her braith, sae licht her step,
nae blad o grass muives whaur she walks;
her sleep is pure, her mind is quate,
her heirt is clairer than a spring:
she hauds hersel ready, fir suin the day daws
whan she maun rowe hersel in her mantle,
hap her face wi'in a shroud,
an ligg therein,
an yield tae Daith.

There is a kingdom
whaur aathing is pure:
It hus a name:
The Kingdom o Daith.

Hereawa naethin is pure,
here aathing is camsteerie an taigled;
but suin a messcnger wull come,
wham men caa Hermes.
Wi his crummock
he reigns owre sauls:
as lichtsome birds,
as wuthert leaves,
he drives thaim aa afore him.

You loosome, seelent god!
Luik! Ariadne awaits ye!

Suin, frae aa will stangs
this heirt must be redd;
then your heid wull nod;
your fuitstep wull be forenent ma cave,
daurkness wull be upo ma een,
your haund wull rest upo ma heirt.

In the bonnie festive braws,
whilk ma mither gave tae me,
these limbs wull bide fir aye,
the seelent cave wull be ma grave.
But quately ma saul
will follae its new maister,
lik a back-end leaf,
blawn i the wun,
it follaes him doun,
follaes sae blithely.

Daurkness wull be upo ma een
an in ma heirt,
these limbs wull bide fir aye,
byordnar buskit, haillie alane.

You wull lowse me,
gie me tae masel;
this burdeinsome life
you wull tak frae me.
In you I wull haillie loss masel,
an wi you wull I become Ariadne.

Forces of Nature

Why does it fight so,
When it knows it cannot win?
Over the garden fence
It grapples with the elements.
December.
No rose-bush should ever bloom in December.
I watch it every day from the kitchen sink;
Washing dishes, making cups of tea.
Only three budding blooms left now,
While yesterday there were five,
They cannot possibly survive.
Even their shade suggests delicacy,
Blushing pink, and yet...

In my neighbour's neglected garden,
A torn flap of felt flagellates the roof,
Of the dilapidated hut –
She took an internet lover,
A man from Hull
Whom she met on the net.
Passion burned briefly.
Fiercely.
But it didn't last.
Both of them buffeted,
By life and time and nature.
Hers a melancholic local Roman Spring.
Flowers and love;
Tender, fragile things.

Above the hills the clouds are leaden grey,
Winds from the north relentlessly blow.
Cold enough to break the heart, they say,
And soon I think we might have snow.

Shopping Trolley in River Nith, Mennock

Nae shoogly wheels,
wi a mind o thair ain,
brocht you here.
Aiblins some joke,
bi Setterday nicht boys,
oan a tear frae Dumfries,
drucken stag-nicht oan-gauns,
they'll mind langsyne
at some Silver Waddin.

That e'en Beckett wid hae laucht at;
the surreal incongruity,
the absurdity,
the irony.
Lyin red-roostit oan yer side,
mid-stream.

Nae langer wull ye snuggle in wi yer pals,
herdit thegaither bi yella-jaicketed
minimum-wage boys, in chape glesses.
Nae pensioners' special reduction days,
or broukit weans greetin fir hurls,
aff harrassed single mithers,
in thrang weekend aisles.

Why cam ye here,
tae this idyllic spot?

This place o mallards,
buzzards, an oystercatchers,
craws an wrens,
an mythical kingfishers;
If nae tae drag ma thochts
tae that
frae whit
ah fain wid
win awa frae.

The Tribble wi Fantasy Warlds

A loat ae fowk fechtin, an killin each ither –
sae C.S. Lewis pit pen tae paper,
tae write a warld
whaur trowth an justice
aye prevailt.

Sae nou that we,
Can gang tae see –
A loat ae fowk fechtin an killin each ither.

Pereat Antiqua Domus

'*Is thon no that Gail Trimble,*' Billy speirt,
'*Wha fairly wiped the flair wi aa thae teams?*'
as oan the boax the lassie's face appeart,
'*A shame she'll nou be mindit fir whit seems*
a minor wee infringement o the rules!'
Puir '*Brainy Blitzkrieg*', thon's bound tae annoy her,
thae bosses at the Beeb must aa be fuils,
still hung ower frae their '*Wossy*' paranoia.
'*But, mind Rab, ah kent thon wis Hegel tae,*
An bet ye twenty-pence that ah wis richt,
An whit's-his-face hud pentit Georges Bizet,
She'll no be feelin juist sae smairt the nicht!'
Years syne they'll pynt her oot as yin defeatit –
Frae the year that '*Corpus Christi*' cheatit.

Tam Pow Oan A Bike

Tam Pow oan a bike, Tam Pow oan a bike,
Puffin an pantin, juist whit is he like!?

Tam Pow oan a bike, gaun doun tae the shoaps,
Wi troosers rowed up, tuckt intae his socks,

Tam Pow oan a bike, alang Lover's Walk,
Wha can say poetry nou disnae '*RAWK!*'

Tam Pow oan a bike, wi nae crash helmet,
Lustily eyes up a young thing's pelmet,

Tam Pow oan a bike, lik Graham Obree,
Disnae need steroids, waash't doun wi his tea,

Tam Pow oan a bike, pop-eyed an pechin,
Cam via Annan? Or Ecclefechan?

Tam Pow oan a bike, cycles past Rabbie,
Avoidin his gaze, (avoids '*Staundart Habbie*')

Tam Pow oan a bike, a mid-life Adonis,
Hou lucky we are, tae hae Tam amang us,

Tam Pow oan a bike, bypasses Penpont,
In case Shug Drumsleet, micht caa him a '*clown*'

Tam Pow oan a bike, by hook or by cruik,
He'll get ye tae sign, in his visitor's buik,

Tam Pow oan a bike, nou oot bi the Crichton,
Oaffirs tae gie aa their nuts a bit tighten,

Tam Pow oan a bike, neb rid as a rose,
Nae bursaries gaun the day, ah suppose?

Tam Pow oan a bike, but no cause he's skint,
Juist tryin tae cut his carbon fuitprint,

Tam Pow oan a bike, keeks roond, an blushes,
Cam tae a stey brae, gets aff – an pushes.

Southern Upland Wit

Wankers
Welcome.

World Piece Day

Twa big ootsiders,
Cheese; hauf inch thick, Raw Ingan –
Ye cannae bate it.

J*nny Ha's

Pure mad
fir thae 'e's
roond here
so they ur.

Swans

Aa nicht lang it raint,
an incessant staccato,
pleyed oan the tin,
o the caravan ruif.

An in the mornin
the meedow hud flodden
tae a mirror;

the reflecktion o fowr angels,
floatin serenely,
oan its surface.

A Souch o Bairntid

Ma bairntid, aamaist forty simmers syne,
Ah spent in ploys here, up Polquhirter burn,
Thir pools an trees an rocks wir ma playgrund,
It luiks unchainged, an yet, lang years hae tyned.
The lassies aye swum separate frae the boys,
An here, at gloamin, campfires nichtly lowed,
Nou dimmed, sic treasuirs lang hae tint their gowd;
The place forleitit that aince thrangt wi noise.
That airch o stane wis aince an auld limekiln,
That time's nou worn awa bi slaw degrees,
The day a snell wuin flails near naukit trees,
Whase leaves daunce reels as throu the linns they birl.
Stuid here as lane's thon corbie's nest, ah'm cauld,
Thon face reflectit in the pool seems auld.

Life Sentence

Tae sum up, at the benmaist hinnerend,
Is there some line ye'd cairve upon the wun,
Afore they whusper *'Ach, the auld yin's duin!'*
That micht impairt aa that ye'd lairnt or kenned,
Whit wis it made ye think tae scrieve a line,
Or micht it aa as weel hae bin fir naethin,
Aye haen tae tae speir the clouds an hills fir somethin,
Fir in eternity aathing is tyned;
And yet, at times, we cannae help oorsels,
We haud the universe athin oor grup,
Syne life cams pourin frae the biro's tip,
An thon primordial urge we hae tae tell,
Comes spillin oot, frae whaur? Nae man can tell –
Fir *life* is whit we aa are sentenced tae.

Luath Press Limited
committed to publishing well written books worth reading

LUATH PRESS takes its name from Robert Burns, whose little collie Luath (*Gael.*, swift or nimble) tripped up Jean Armour at a wedding and gave him the chance to speak to the woman who was to be his wife and the abiding love of his life. Burns called one of 'The Twa Dogs' Luath after Cuchullin's hunting dog in Ossian's *Fingal*. Luath Press was established in 1981 in the heart of Burns country, and is now based a few steps up the road from Burns' first lodgings on Edinburgh's Royal Mile.

Luath offers you distinctive writing with a hint of unexpected pleasures.

Most bookshops in the UK, the US, Canada, Australia, New Zealand and parts of Europe either carry our books in stock or can order them for you. To order direct from us, please send a £sterling cheque, postal order, international money order or your credit card details (number, address of cardholder and expiry date) to us at the address below. Please add post and packing as follows: UK – £1.00 per delivery address; overseas surface mail – £2.50 per delivery address; overseas airmail – £3.50 for the first book to each delivery address, plus £1.00 for each additional book by airmail to the same address. If your order is a gift, we will happily enclose your card or message at no extra charge.

Luath Press Limited
543/2 Castlehill
The Royal Mile
Edinburgh EH1 2ND
Scotland
Telephone: 0131 225 4326 (24 hours)
Fax: 0131 225 4324
email: sales@luath.co.uk
Website: www.luath.co.uk